Περιεχόμενα (contents)

Πρόλογος 4

Ενικός αριθμός (singular number) 6

Αιτιατική (accusative) 6

Αρσενικό γένος (masculine gender) 6

Θηλυκό γένος (feminine gender) 11

Ανάμεικτες ασκήσεις (mixed exercises) 15

Γενική (genitive) 17

Αρσενικό γένος (masculine gender) 17

Θηλυκό γένος (feminine gender) 21

Ουδέτερο γένος (neutral gender) 25

Ανάμεικτες ασκήσεις (mixed exercises) 29

Κλητική (vocative) 30

Πληθυντικός αριθμός (plural number) 32

Ονομαστική (nominative) 32

Αρσενικό γένος (masculine gender) 32

Θηλυκό γένος (feminine gender) 37

Ουδέτερο γένος (neutral gender) 41

Ανάμεικτες ασκήσεις (mixed exercises) 45

Αιτιατική (accusative) 47

Αρσενικό γένος (masculine gender) 47

Θηλυκό γένος (feminine gender) 51

Ανάμεικτες ασκήσεις (mixed exercises) 55

Γενική (genitive) 57

Αρσενικό γένος (masculine gender) 57

Θηλυκό γένος (feminine gender) 61

Ουδέτερο γένος (neutral gender) 65

Ανάμεικτες ασκήσεις (mixed exercises) 69

Κλητική (vocative) 70

Λύσεις (answer keys) 72

Πρόλογος (prologue)

This book is based on our experience in teaching Greek as a foreign language. As a result of several years of teaching we may say that by using this book as your workbook, you will be able to understand the differences but most importantly the similarities between Greek and English. The main purpose of this workbook is not to make you understand the English grammar. That's why we focus on translating as close as possible to the Greek way of thinking and speaking rather than on staying loyal to English grammar rules and being 100% "grammatically correct".

In Greek there are three genders (masculine, feminine and neuter) and four cases (nominative, accusative, genitive and vocative). All of them can be found both in singular and in plural number. Considering the fact that in the singular number of nominative all genders of all nouns remain the same, we chose to omit the nominative case and we start directly with the accusative. Due to the fact that the neuter gender by rule remains the same in nominative and in accusative (both in article and ending), exercises for neuter in accusative are omitted.

In some exercises there are words in brackets without article. This means that these phrases in Greek should be written just by putting the noun to the correct form, without the article. In addition, whenever there is a "____σ____" in the missing gap, it is the shorting form of the preposition «σε». This means that the article should be united with the «σ» letter.

In this workbook each gender is divided into three ending categories. The masculine ends at «-ος», «-ης» and «-ας», the feminine at «-α», «-η» and «-ω / -ος» and the neuter at «-ο», «-ι» and «-μα». At the end of every gender the student will find some revision exercises which include all three categories. We selected nouns that we consider important and we deliberately use them again and again at many examples so that we will help every student memorize and remember them. We advise you to follow the structure of the book because it will give you the tools you need to learn Greek not only correctly, but also fast.

The main purpose of this book is the mere practice of the Greek grammar and under no circumstances could it either substitute a teacher or any other book which includes a complete teaching method for the apprehension of the Greek language. In order to help each English speaker, every example is followed by an English translation.

Once again we would like to clarify that every error you may find in the translation is made deliberately so that the Greek way of speaking, writing and thinking is understandable through the English language, not the other way around. In this grammar journey, English is just our compass and not our destination.

Enjoy it and keep learning Greek as much as you can.

ΕΝΙΚΟΣ ΑΡΙΘΜΟΣ
(SINGULAR NUMBER)

ΑΙΤΙΑΤΙΚΗ (ACCUSATIVE)
Α) Αρσενικό γένος (masculine gender)

Άσκηση 1 (αρσενικά σε -ος)
Exercise 1 (masculine nouns ending at -ος)

1) Ο Γιώργος μιλάει με _____τον φίλο_____ του κάθε μέρα. (ο φίλος)
George talks with his friend every day.

2) Η Μαρία αγαπάει _____ . (ο Νίκος) *Maria loves Nikos.*

3) Εγώ πληρώνω _____ κάθε μήνα. (ο λογαριασμός) *I pay the bill every month.*

4) Εμείς αγοράζουμε από _____ ψωμί. (ο φούρνος) *We buy bread from the bakery.*

5) Εσύ και η Αθανασία είστε από _____ . (ο Λίβανος) *Athanasia and you come (are) from Lebanon.*

6) Αυτό το σουβλάκι είναι για _____ . (ο αδερφός) *This souvlaki is for my brother.*

7) Ο Πέτρος στέλνει _____ στον πατέρα του. (ο φάκελος) *Petros is sending the envelope to his father.*

8) Η μητέρα μου μιλάει με _____ τώρα. (ο γιατρός) *My mother is talking with the doctor right now.*

9) Μου δίνεις _____ σε παρακαλώ; (ο κατάλογος) *Can you give me the menu, please?*

10) Η Μαρίνα μένει μαζί με _____ . (ο Στέφανος)
 Marina lives (together) with Stefanos.

11) Αυτοί πίνουν _____ τους στην παραλία. (ο χυμός)
They are drinking their juice on the beach.

12) Η Ελένη είναι με _____ της στο πάρκο. (ο γιός)
Eleni is with her son at the park.

Άσκηση 2 (αρσενικά σε -ης)
Exercise 2 (masculine nouns ending at -ης)

1) Τα αδέρφια μου παίζουν με _____τον υπολογιστή_____ μου. (ο υπολογιστής) *My siblings play with my computer.*

2) Αυτό το βιβλίο είναι για _____ . (ο καθηγητής) *This book is for the teacher.*

3) Αυτή είναι παντρεμένη με _____ . (ο Ορέστης) *She is married to (with) Orestis.*

4) Εσείς αγοράζετε φρούτα από _____ . (ο μανάβης) *You buy fruits from the greengrocer.*

5) Το μολύβι και το τετράδιο είναι για _____ . (ο μαθητής) *The pencil and the notebook are for the pupil.*

6) Ο Μιχάλης βλέπει _____ στην τηλεόραση. (ο πειρατής) *Michalis is watching the pirate on (the) television.*

7) Αυτοί χορεύουν με _____ . (ο τραγουδιστής) *They are dancing with the singer.*

8) Εγώ παρακολουθώ _____ στο τσίρκο. (ο ακροβάτης) *I am watching the acrobat at circus.*

9) Ο Παναγιώτης συζητάει με _____ για το ποδόσφαιρο. (ο Ευτύχης) *Takis is discussing with Eftichis about football.*

10) Ο γιατρός εξετάζει _____ στο νοσοκομείο. (ο ασθενής) *The doctor is checking the patient at the hospital.*

11) Τα παιδιά μαθαίνουν για _____ στο σχολείο. (ο μαγνήτης) *Children learn about magnet at school.*

12) Η σφαίρα πηγαίνει προς _____ . (ο στρατιώτης) *The bullet is going towards the soldier.*

Άσκηση 3 (αρσενικά σε -ας)
Exercise 3 (masculine nouns ending at -ας)

1) Η Ελένη ακούει _____τον Αντρέα_____ . (ο Αντρέας) *Eleni is listening to Andreas.*

2) Εσύ κι ο φίλος σου αγοράζετε _____ . (ο αναπτήρας) *You and your friend buy the lighter.*

3) Εμείς νικάμε _____ . (ο αγώνας) *We are winning the game.*

4) Ο Μάθιου είναι από _____ . (ο Καναδάς) *Matthew comes (is) from Canada.*

5) Εγώ δεν ξέρω αυτόν _____ . (ο κανόνας) *I don't know this rule.*

6) Πολλοί άνθρωποι βλέπουν _____ στην θάλασσα. (ο καρχαρίας) *A lot of people see the shark at the sea.*

7) Ο Νίκος παίζει με _____ στον κήπο. (ο Μηνάς) *Nikos is playing with Minas at the garden.*

8) Η αδερφή μου και ο αδερφός μου τρώνε _____ . (ο μουσακάς) *My sister and my brother are eating the mousaka.*

9) Εγώ βλέπω _____ μέσα στην τάξη. (ο πίνακας) *I see the board in the class.*

10) Ο Δημοσθένης ρωτάει _____ του πολλά πράγματα. (ο πατέρας) *Dimosthenes asks his father (about) many things.*

11) Η μητέρα της κοιτάζει _____ και την βροχή από το παράθυρο. (ο αέρας) *Her mother is gazing at the air and at the rain from the window.*

12) Εσείς έχετε χρόνο για διακοπές αυτόν _____ ; (ο μήνας) *Do you have time for vacation this month?*

Επαναληπτικές ασκήσεις (revision exercises)

1) Εγώ κερδίζω _____ σε αυτό το παιχνίδι. (ο αδερφός)
   I am beating my brother at this game.

2) Η Ιουλία δουλεύει με _____ από το σπίτι. (ο υπολογιστής) *Julia works with the computer from home.*

3) Η Πηνελόπη αγαπάει _____ . (ο Θησέας) *Penelope loves Thiseas.*

4) Ο πατέρας μου φροντίζει _____ κάθε μέρα. (ο κήπος)
   My father is taking care of the garden every day.

5) Εμείς δουλεύουμε μαζί με _____ . (ο Κοσμάς) *We are working together with Kosmas.*

6) Εσύ μιλάς με αυτόν _____ ; (ο κύριος) *Are you talking with this gentleman?*

7) Η Μαγδαληνή θέλει _____ σου. (ο φορτιστής) *Magdalena wants your charger.*

8) Ο Κώστας και η Αλεξάνδρα λατρεύουν _____ τους. (ο γάτος) *Kostas and Alexandra adore (love) their cat.*

9) Εσύ ξέρεις _____ , εγώ όμως όχι. (ο Γιάννης) *You know Giannis, but I don't.*

10) Τα παιδιά βλέπουν _____ τους στην τηλεόραση. (ο ήρωας) *The children are seeing their hero on television.*

11) Εμείς περιμένουμε _____ μας και την θεία μας στο πάρκο. (ο θείος) *We are waiting (for) our uncle and our aunt at the park.*

12) Αυτός ο φάκελος είναι για _____ σου. (ο συμμαθητής) *This envelope is for your classmate.*

B) Θηλυκό γένος (feminine gender)

Άσκηση 1 (θηλυκά σε -α)
Exercise 1 (feminine nouns ending at -α)

1) Τι ώρα φεύγεις από _____την δουλειά_____ σου; (η δουλειά)
What time do you leave from your job?

2) Πώς λένε _____ σας; (η μητέρα) *What is your mother's name?*

3) Ο Γαβρίλης είναι ερωτευμένος με _____ . (η Εύα)
Michael is in love with Eva.

4) Αυτός τώρα βλέπει _____ που του αρέσει. (η ταινία)
He is now watching the movie that he likes.

5) Ο φίλος μου κι εγώ αγοράζουμε _____ . (η καρέκλα)
My friend and I are buying the chair.

6) Η Αφροδίτη κρατάει _____ της. (η τσάντα)
Aphrodite is holding her bag.

7) Μου αρέσει να κολυμπάω __σ_____ . (η θάλασσα) *I like swimming at the sea.*

8) Τι ώρα πηγαίνεις __σ_____ ; (η παραλία) *What time do you go at the beach?*

9) Ο Κωνσταντίνος μιλάει με _____ του. (η δασκάλα)
Konstantinos is talking to (with) his teacher.

10) Αυτό το φαγητό είναι για _____ μου. (η γιαγιά)
This food is for my grandmother.

11) Ο Χριστόφορος φοράει _____ του τώρα. (η μπλούζα)
Christophoros is wearing his shirt (right) now.

12) Εμείς πίνουμε καφέ __σ_____ μας. (η βεράντα) *We are drinking coffee on our porch.*

Άσκηση 2 (θηλυκά σε -η)
Exercise 2 (feminine nouns ending at -η)

1) Η Αγνή κι η Ιωάννα πηγαίνουν _____στην αυλή_____ . (η αυλή)
Agne and Ioanna are going to the yard.

2) Εγώ αγαπάω πολύ _____ μου. (η αδερφή) *I love my*
sister very much.

3) Ο κύριος Παπαπέτρου δουλεύει ___σ_____ . (η κλινική)
Mr. Papapetrou works at the clinic.

4) Η μητέρα μου κι εγώ καθαρίζουμε _____ . (η αποθήκη)
My mother and I are cleaning the storehouse.

5) Εμείς κάθε μέρα διαβάζουμε ___σ_____ . (η βιβλιοθήκη)
We study every day at the library.

6) Εσύ βλέπεις αυτήν _____ ; (η λέξη) *Do you see this*
word?

7) Ο πατέρας μου μένει ___σ_____ . (η Αμερική) *My father*
is living in America.

8) Η Μαρία παίζει πιάνο _____ στο σχολείο. (η
Παρασκευή) *Maria plays piano at school on Friday.*

9) Εσείς πηγαίνετε ταξίδι ___σ_____ ; (η Μαδαγασκάρη)
Are you going to a trip to Madagascar?

10) Ο Αποστόλης βλέπει το ματς ___σ_____ . (η
τηλεόραση) *Apostolis is watching the match on television.*

11) Η Χίλντε είναι από _____ . (η Αφρική) *Hilde comes*
(is) from Africa.

12) Ο Νίκος δεν δουλεύει _____ . (η Κυριακή) *Nikos is*
not working on Sunday.

Άσκηση 3 (θηλυκά σε -ω και σε -ος)
Exercise 3 (feminine nouns ending at -ω and at -ος)

1) Ο Αντώνης θέλει _____την Αργυρώ_____ . (η Αργυρώ) *Antonis wants Argyro.*

2) Η Μαρία μένει ___σ_____ Δροσίνη 34. (η οδός) *Maria lives at street Drosini 34.*

3) Εμείς είμαστε από _____ . (η Πελοπόννησος) *We are from Peloponnese.*

4) Το καλοκαίρι θα πάω με _____ στην Αγγλία. (η Φρόσω) *At summer I will go with Froso in England.*

5) Ο Τριαντάφυλλος είναι από _____ . (η Ρόδος) *Triantafyllos is from Rhodos.*

6) Στην Κέρκυρα ο Οδυσσέας είδε _____ . (η Καλυψώ) *At Corfu Ulisses saw Kalypso.*

7) Η γιαγιά μου είναι φίλη όχι μόνο με _____ , αλλά και με _____ . (η Διαμάντω) (η Ηρώ) *My grandmother is friend not only with (to) Diamado, but also with (to) Iro.*

8) Αυτοί έχουν πολλούς φίλους από _____ . (η Λέσβος) *They have many friends from Lesbos.*

9) Η Παυλίνα και ο Κώστας μένουν ___σ_____ . (η Χίος) *Paulina and Kostas live at Chios.*

10) Κάθε καλοκαίρι πολλοί τουρίστες ταξιδεύουν ___σ_____ . (η Μύκονος) *Every summer many tourists travel to Mykonos.*

11) Εγώ ήμουν με _____ πριν σε γνωρίσω. (η Σαπφώ) *I was with Sappho before meeting you.*

12) Θα ήθελα η κόρη μου να γίνει σαν _____ όταν μεγαλώσει. (η Μαντώ) *I would like my daughter to be like Manto when she grows up.*

Επαναληπτικές ασκήσεις (revision exercises)

1) Ο Νίκος κι ο αδερφός του είναι από _____ , αλλά
μένουν ___σ_____ . (η Πελοπόννησος) (η Αθήνα) *Nikos
and his brother are from Peloponnese, but they live in Athens.*

2) Η Μαρία μένει μαζί με _____ της. (η αδερφή) *Maria
lives with her sister.*

3) Οι γονείς μας σήμερα θα πάνε ___σ_____ . (η Καλαμάτα)
Our parents today will go to Kalamata.

4) Αυτές κάθε χειμώνα πηγαίνουν με _____ στο Μονακό.
(η Μαριγώ) *They go every winter to Monaco with Marigo.*

5) Εμείς θα πάμε ___σ_____ μετά την Κρήτη. (η Πάρος)
We will go to Paros after Crete.

6) Για να φτάσεις ___σ_____ πρέπει να περάσεις από
_____ . (η Θεσσαλονίκη) (η Κοζάνη) *To reach
Thessaloniki you need to go (to pass) through Kozani.*

7) Ο Θανάσης είναι παντρεμένος με _____ . (η
Ευαγγελία) *Thanasis is married to Evangelia.*

8) Σύμφωνα με _____ , αυτό είναι λάθος. (η Μυρτώ)
According to Myrto, this is wrong.

9) Αυτό το δώρο είναι για _____ , όχι για
_____ . (η Μαρία) (η Αγγελική) *This present is for Maria,
not for Aggeliki.*

10) Το βινσάντο είναι ένα κρασί από _____ . (η
Σαντορίνη) *Vinsanto is a wine from Santorini.*

11) Η μητέρα μου είναι από _____ και ο πατέρας μου από
_____ . (η Νάξος) (η Αμοργός) *My mother is from Naxos
and my father (is) from Amorgos.*

12) Το επόμενο καλοκαίρι ο Γιώργος θα παντρευτεί _____ .
(η Δρόσω) *Next summer George will marry Droso.*

Ανάμεικτες ασκήσεις γενών (ονομαστική ή αιτιατική)
Mixed gender exercises (nominative or accusative)

1) Ο Γιώργος είναι _____ του Χρήστου. (ο αδερφός)
George is Christo's brother.

2) Χθες ο Νικόλας νίκησε _____ στο σκάκι, αλλά
_____ νίκησε την Ιωάννα. (ο Θεόφιλος x2) *Yesterday
Nikolas beat Theophilos at chess, but Theophilos beat Ioanna.*

3) Ο θείος μου ο Νίκος μένει __σ_____ . (η Γερμανία) *My
uncle Nikos lives in Germany.*

4) Η φίλη μου η Ευτέρπη ζει __σ_____ , αλλά είναι από
_____ . (ο Καναδάς) (η Κύπρος) *My friend Efterpi lives in
Canada, but she is from Cyprus.*

5) Γεια σου, είμαι _____ . (ο Γρηγόρης) *Hello, I am
Gregory.*

6) Γεια σου Γρηγόρη, είμαι _____ . (η Παναγιώτα) *Hi
Gregory, I am Panagiota.*

7) Χάρηκα πολύ. Εγώ μένω __σ_____ . Εσύ πού μένεις; (ο
Πειραιάς) *Nice to meet you. I live in Piraeus. Where do you live?*

8) Μένω __σ_____ , όπως _____ μου.
 (ο Κορυδαλλός) (η θεία) *I live at Korydallos, as my aunt does.*

9) Σου αρέσει αυτός _____ ; (ο αναπτήρας) *Do you like
this lighter?*

10) Όχι πολύ, προτιμώ _____ . (ο φάκελος) *Not very
much, I prefer the envelope.*

11) Άρα _____ θα αγοράσει τον αναπτήρα. (ο Αντρέας)
So Andreas will buy the lighter.

12) Όχι, εγώ θα αγοράσω _____ . (ο αναπτήρας) *No, I
will buy the lighter.*

ΓΕΝΙΚΗ (GENITIVE)
Α) Αρσενικό γένος (masculine gender)

Άσκηση 1 (αρσενικά ουσιαστικά σε -ος)
Exercise 1 (masculine nouns ending at -ος)

1) Αυτό είναι το αυτοκίνητο _____του Πέτρου_____ . (ο Πέτρος)
This is Petros' car.

2) Ξέρεις πού είναι το φαγητό _____ ; (ο σκύλος) *Do you know where the dog's food is?*

3) Χθες είδα την αδερφή _____ μαζί με το αγόρι της. (ο Νίκος) *Yesterday I saw Nikos' sister together with her boyfriend.*

4) Εξαιτίας _____ πολλοί άνθρωποι έχασαν την δουλειά τους. (ο κορωνοϊός) *Due to coronavirus a lot of people lost their job.*

5) Λόγω _____ η συναυλία δεν θα γίνει. (ο καιρός)
Because of the weather, the concert will not take place.

6) Η Μαρία και η Άννα είναι κόρες _____ . (ο Άγγελος)
Maria and Anna are Aggelos' daughters.

7) Το χρώμα _____ στο δωμάτιό μου είναι μπλε. (ο τοίχος) *The color of the wall in my room is blue.*

8) Εκτός _____ , όλοι οι άλλοι θα έρθουν στο πάρτυ μου. (ο Γιώργος) *Except for George, everybody else will come to my party.*

9) Όλοι στην εταιρεία είναι εναντίον _____ . (ο πρόεδρος) *Everyone in the company is against the president.*

10) Το αγαπημένο τους μπαρ είναι στην γωνία _____ . (ο δρόμος) *Their favorite bar is at the road's corner.*

11) Τα λουλούδια _____ μου είναι πολύχρωμα. (ο κήπος)
The flowers of my garden are colorful.

12) Δεν θυμάμαι το όνομα αυτού _____ . (ο κύριος) *I don't recall (remember) this gentleman's name.*

Άσκηση 2 (αρσενικά σε -ης)
Exercise 2 (masculine nouns ending at -ης)

1) Προτιμώ τον Γιώργο αντί _____του Τάκη_____ . (ο Τάκης) *I prefer George to (instead of) Takis.*

2) Τα μαθήματα θα γίνουν μέσω _____ . (ο υπολογιστής) *The lessons will take place via (the) computer.*

3) Το γραφείο _____ είναι στον τρίτο όροφο. (ο λογιστής) *The accountant's office is at the third floor.*

4) Το διαμέρισμα _____ δεν είναι πολύ καθαρό. (ο φοιτητής) *The student's apartment is not very clean.*

5) Θα ψηφίσω υπέρ _____ στις σχολικές εκλογές. (ο Γιάννης) *I will vote for Giannis at school elections.*

6) Το θρανίο του _____ μου είναι δίπλα από το δικό μου. (ο συμμαθητής) *My classmate's desk is next to mine.*

7) Θα πληρώσουμε τον λογαριασμό εντός _____ . (ο Γενάρης) *We will pay the bill within January.*

8) Το μελάνι _____ τελειώνει. (ο εκτυπωτής) *The printer's ink is running out.*

9) Τα λόγια _____ ήταν πολύ καλά για όλους. (ο διευθυντής) *The principal's words were very good for everybody.*

10) Οι βαθμοί _____ ήταν δεκαπέντε. (ο νικητής) *The winner's points were fifteen.*

11) Η Μαρία είναι η γυναίκα _____ . (ο κομμωτής) *Maria is the hairdresser's wife.*

12) Χτες έγινε ένας καυγάς μεταξύ _____ και της Μαύρας. (ο Αποστόλης) *Yesterday there was an argument between Apostolis and Mavra.*

Άσκηση 3 (αρσενικά σε -ας)
Exercise 3 (masculine nouns ending at -ας)

1) Θα αγοράσουμε το σπίτι στο τέλος _____του μήνα_____ . (ο μήνας)
   We will buy the house by the end of the month.

2) Η χωριάτικη σαλάτα _____ είναι πάντα νόστιμη. (ο Θωμάς) *Thomas' Greek salad is always tasty.*

3) Το πρωί μίλησα με την θεία _____ μας. (ο γείτονας)
   This morning I spoke with our neighbor's aunt.

4) Ξέρετε ποιο είναι το νόμισμα _____ ; (ο Καναδάς) *Do you know what is the coin of Canada?*

5) Εντός _____ θα στολίσουμε το σπίτι μας. (ο χειμώνας)
   Within the winter we will adorn our house.

6) Κατά την διάρκεια _____ πρέπει όλοι να μείνουν σπίτι.
   (ο τυφώνας) *During the typhoon, everybody must stay home.*

7) Εσύ είσαι υπέρ ή κατά αυτού _____ ; (ο κανόνας) *Are in favor or against this rule?*

8) Το καινούργιο παντελόνι _____ είναι κίτρινο. (ο Σάββας) *Savvas' new trousers are yellow.*

9) Το μέγεθος αυτού _____ είναι το σωστό. (ο αναπνευστήρας) *The size of this snorkel is the right one.*

10) Η ακτινογραφία _____ σου δείχνει ότι όλα είναι εντάξει. (ο αγκώνας) *The x-ray of your elbow shows that everything is ok.*

11) Θα ταξιδέψω στο Μεξικό μέσω _____ . (ο Παναμάς)
   I will travel to Mexico through Panama.

12) Το αποτέλεσμα _____ ήταν ισοπαλία. (ο αγώνας)
   The result of the game was (a) draw.

Επαναληπτικές ασκήσεις (revision exercises)

1) Η μηχανή _____ είναι πολύ ακριβή. (ο Μάκης)
Makis' motorbike is very expensive.

2) Ο φίλος _____ είναι πυγμάχος. (ο Γιάννης) *Giannis' friend is a boxer.*

3) Ο Κλάους προτιμάει την Αργεντινή αντί _____ . (ο Ισημερινός) *Klaus prefers Argentina over Ecuador.*

4) Εμείς τελειώσαμε εντός _____ που σας είπαμε. (ο χρόνος)
We finished within the time we told you.

5) Αυτοί είναι δύο από τους γιους _____ . (ο Ζαχαρίας)
These are two of Zacharia's sons.

6) Εσύ τελικά πέταξες στην Αλάσκα μέσω _____ ; (ο Καναδάς) *Did you finally fly to Alaska through Canada?*

7) Μεταξύ _____ και _____
υπάρχει μεγάλη κόντρα. (ο Παναγιώτης) (ο Δημήτρης) *Between Panagiotis and Dimitris there is a big rivalry.*

8) Ο τυχερός αριθμός _____ είναι το πέντε. (ο Χρήστος)
Christos' lucky number is five.

9) Η διάγνωση _____ ήταν ενθαρρυντική. (ο γιατρός)
The doctor's diagnosis was encouraging.

10) Μου αρέσει πολύ η μυρωδιά _____ . (ο ανανάς) *I like the smell of the pineapple very much.*

11) Το χειροκρότημα _____ έκανε τον ηθοποιό να κλάψει.
(ο κόσμος) *The clapping of the crowd made the actor crying.*

12) Ήταν όλοι εκεί, πλην _____ . (ο Αριστείδης)
Everybody was there, save Aristides.

B) Θηλυκό γένος (feminine gender)

Άσκηση 1 (θηλυκά σε -α)
Exercise 1 (feminine nouns ending at -α)

1) Η κόρη _____της Αθανασίας_____ λέγεται Μαλένα. (η Αθανασία)
Athanasia's daughter is called Malena.

2) Εμείς είμαστε τα παιδιά _____ . (η Μαρία) *We are Maria's children.*

3) Αυτοί είναι οι φίλοι _____ μου. (η γυναίκα) *They are my wife's friends.*

4) Μου αρέσει πολύ το χρώμα _____ . (η καρέκλα) *I like the color of the chair.*

5) Εσείς θα έχετε την απάντησή σας εντός _____ . (η ημέρα) *You will have your answer within the day.*

6) Ο Νίκος απολαμβάνει την ηρεμία _____ . (η θάλασσα) *Nikos enjoys the serenity of the sea.*

7) Ο Γιώργος κι ο Γιάννης είναι κάτοικοι _____ . (η Αθήνα) *Giorgos and Giannis are residents of Athens.*

8) Το σπίτι _____ είναι το πιο όμορφο που έχω δει. (η Μαρίνα) *Marina's house is the most beautiful I have ever seen.*

9) Η βαθμολογία _____ είναι χαμηλή. (η ομάδα) *The score of the team is low.*

10) Όλοι είπαν ναι, εκτός _____ . (η Βαλέρια) *Everybody said yes, except for Valeria.*

11) Αυτό το τραγούδι είναι το αγαπημένο _____ . (η Ευγενία) *This song is Eugenia's favorite.*

12) Ο ποταμός _____ είναι μεγάλος και μακρύς. (η κοιλάδα) *The river of the valley is big and long.*

Άσκηση 2 (θηλυκά σε -η)
Exercise 2 (feminine nouns ending at -η)

1) Οι ντομάτες _____της Κρήτης_____ είναι πολύ νόστιμες. (η Κρήτη)
 The tomatoes of Crete are very tasty.

2) Η εγγονή _____ είναι παντρεμένη με τον Μηνά. (η Αγνή) *Agne's granddaughter is married to (with) Minas.*

3) Οι κάτοικοι _____ αγαπούν το ποδόσφαιρο. (η Αργεντινή) *The citizens of Argentina love football.*

4) Οι Άνδεις είναι η οροσειρά _____ . (η Χιλή) *Andes is the mountain range of Chile.*

5) Η Δέσποινα μένει κάπου μεταξύ _____ και της Θήβας. (η Αταλάντη) *Despoina lives somewhere between Atalanti and Thiva.*

6) Αυτές μίλησαν υπέρ _____ στο συμβούλιο. (η Νίκη) *They spoke in favor of Niki at the council.*

7) Στην μητέρα μου αρέσουν οι ταινίες εκείνης _____ . (η εποχή) *My mother likes the movies of that era.*

8) Ο Λευτέρης είναι το αγόρι _____ . (η Δανάη) *Lefteris is Danae's boyfriend.*

9) Πλην _____ , οι υπόλοιπες κοπέλες ήρθαν στην ώρα τους. (η Αντιγόνη) *Except for Antigone, the rest of the girls arrived on time.*

10) Ο ρόλος _____ ήταν πάντα σημαντικός για την ανθρωπότητα. (η επιστήμη) *The role of the science was always important for (the) humankind.*

11) Οι υπάλληλοι _____ έκαναν παράπονα για την μείωση του μισθού τους. (η βιβλιοθήκη) *The library staff complained about their pay cut.*

12) Θα ήθελα να επισκεφθώ πολλές χώρες _____ . (η Αφρική) *I would like to visit many countries of Africa.*

Άσκηση 3 (θηλυκά σε -ω και σε -ος)
Exercise 3 (feminine nouns ending at -ω and at -ος)

1) Το νησί ____της Κιμώλου_____ βρίσκεται στο Αιγαίο πέλαγος. (η Κίμωλος)
The island of Kimolos is located in the Aegean Sea.

2) Η τέχνη _____ ήταν πολύ γνωστή από την αρχαιότητα.
 (η πειθώ) *The art of persuasiveness was well-known since antiquity.*

3) Στο τέλος αυτής _____ υπάρχει μια καντίνα. (η οδός)
At the end of this street there is a canteen.

4) Αυτοί είπαν κάτι εναντίον _____ . (η Αργυρώ) *They
said something against Argyro.*

5) Το καλοκαίρι θα ταξιδέψουμε στην Ελλάδα μέσω _____ .
 (η Κύπρος) *At summer we will travel to Greece through Cyprus.*

6) Οι ναυτικοί είχαν δύσκολο ταξίδι λόγω _____ της
θάλασσας. (η άνοδος) *The sailors had a difficult voyage because of the rise of the sea.*

7) Μου αρέσουν πολύ οι ταινίες _____ Διαμαντίδου. (η
Δέσπω) *I like Despo's Diamantidou films very much.*

8) Η πόρτα _____ είναι στα δεξιά. (η έξοδος) *The exit
door is on the right.*

9) Εντός _____ του κτιρίου μπορείτε να βρείτε
περισσότερες πληροφορίες. (η είσοδος) *Inside the entrance of the building you can
find more information.*

10) Όλοι οι ποιητές αυτής _____ έχουν κοινά στοιχεία.
(η περίοδος) *All poets of this period (era) have common traits.*

11) Τα γλυκά _____ αρέσουν σε όλους. (η Γωγώ)
Everybody likes Gogo's sweet.

12) Η Πάτρα είναι η μεγαλύτερη πόλη _____ . (η
Πελοπόννησος) *Patras is the biggest city of Peloponnese.*

Επαναληπτικές ασκήσεις (revision exercises)

1) Το μέγεθος _____ δεν είναι πολύ μεγάλο. (η κούπα)
The size of the cup is not very big.

2) Το μάθημα _____ ήταν πολύ πιο δύσκολο από το μάθημα της _____ . (η Τρίτη) (η Δευτέρα) *Tuesday's lesson has been much more difficult than Monday's lesson.*

3) Η ανάλυση αυτής _____ είναι υψηλή. (η τηλεόραση)
The definition of this television is high enough.

4) Οι απαντήσεις _____ είναι στο τέλος του βιβλίου. (η άσκηση) *The answers of the exercise are at the end of the book.*

5) Η μητέρα _____ είναι γνωστή δημοσιογράφος. (η Ηρώ) *Iro's mother is a famous journalist.*

6) Το σπίτι μου βρίσκεται επί _____ Ακαδημίας. (η οδός)
My house is located at (upon) Acadimias street.

7) Στο τέλος _____ ήμασταν όλοι κουρασμένοι. (η ημέρα) *At the end of the day we were all tired.*

8) Τα σπίτια _____ μου δεν είναι καινούργια. (η γειτονιά) *The houses of my neighborhood are not new.*

9) Ο πατέρας _____ είχε τα γενέθλιά του χτες. (η Φωτεινή)
Fotini's father had his birthday yesterday.

10) Πριν έναν μήνα πήγαμε στην αρχαία πόλη _____ .
(η Κόρινθος) *We went to the ancient city of Corinth one month ago.*

11) Η τσάντα _____ είναι ιταλική. (η Μάρω) *Maro's handbag is Italian.*

12) Τα παιδιά έσπασαν το γυαλί _____ . (η οθόνη) *The children broke the glass of the screen.*

Γ) Ουδέτερο γένος (neutral gender)

Άσκηση 1 (ουδέτερα σε -ο)
Exercise 1 (neutral nouns ending at -o)

1) Μου αρέσει το χρώμα _____του βιβλίου_____ σου. (το βιβλίο) *I like the color of your book.*

2) Ξέρει κανείς το ύψος _____ ; (το βουνό) *Does anybody know the height of the mountain?*

3) Μην ανησυχείτε, όλα θα πάνε βάσει _____ . (το σχέδιο) *Don't worry, everything will go according the plan.*

4) Μόνο αυτοί ξέρουν την ηλικία _____ . (το δέντρο) *Only they know the age of the tree.*

5) Το κλάμα _____ ακουγόταν για δέκα λεπτά. (το μωρό) *The crying of the baby was being heard for ten minutes.*

6) Ποιό είναι το όνομα _____ της Γιάννας; (το χωριό) *Which is the name of Gianna's village?*

7) Οι παίκτες _____ πρέπει να είναι ενήλικες. (το καζίνο) *The players of the casino must be adults.*

8) Θύμισέ μου σε παρακαλώ τον αριθμό _____ σου. (το κινητό) *Remind me please your cell phone number.*

9) Το σχήμα _____ είναι αεροδυναμικό. (το ποδήλατο) *The shape of the bicycle is aerodynamical.*

10) Οι εκδότες αυτού _____ είναι τρεις. (το περιοδικό) *The editors of this magazine are three.*

11) Οι κανόνες _____ είναι απλοί. (το ποδόσφαιρο) *The rules of football are simple.*

12) Ο ιδιοκτήτης _____ είναι φίλος μου. (το περίπτερο) *The kiosk owner is a friend of mine.*

Άσκηση 2 (ουδέτερα σε -ι)
Exercise 2 (neutral nouns ending at -ι)

1) Εκτός _____του σπιτιού_____ του Γιώργου, εμένα δεν μου αρέσει κανένα άλλο. (το σπίτι) *Save George's house, I like no other (house).*

2) Εμείς πιστεύουμε ότι ο χώρος _____ πρέπει να είναι στην αυλή. (το σκυλί) *We believe that the dog's place should be at garden.*

3) Το μήκος _____ της Μαρίας είναι αρκετά μεγάλο. (το πόδι) *The length of Maria's foot is quite big.*

4) Όλες οι παθήσεις _____ δεν είναι γνωστές μέχρι και σήμερα. (το μάτι) *Even till today, not every eye disease is known.*

5) Το συνηθισμένο χρώμα _____ είναι το κίτρινο. (το μολύβι) *The usual color of the pencil is yellow.*

6) Οι γονείς φαίνεται ότι είναι εναντίον _____ τους όταν το παιδί ζητάει πολλά. (το παιδί) *It seems that parents are against their child when the child asks (too) much.*

7) Οι κανόνες _____ είναι πολύ σαφείς. (το παιχνίδι) *The rules of the game are very clear.*

8) Το στρώμα αυτού _____ είναι τέλειο! (το κρεβάτι) *The mattress of this bed is perfect!*

9) Δεν μου αρέσει καθόλου το χρώμα εκείνου _____ . (το χαλί) *I don't like the color of that carpet at all.*

10) "Σταμάτησαν _____ οι δείκτες", λέει ένα πολύ γνωστό ελληνικό τραγούδι. (το ρολόι) *"The hands of the clock stopped", says a famous Greek song.*

11) Οι υπεύθυνοι _____ αυτήν την στιγμή δεν είναι εδώ. (το μαγαζί) *The people in charge of the shop are not here at the moment.*

12) Ο Δημοσθένης νομίζει ότι τα πόδια _____ δεν είναι σταθερά. (το τραπέζι) *Demosthenes thinks that the legs of the table aren't stable.*

Άσκηση 3 (ουδέτερα σε -μα)
Exercise 3 (neutral nouns ending at -μα)

1) Παιδιά, η ώρα _____του μαθήματος_____ έχει αλλάξει. (το μάθημα)
Guys, the hour of the lesson has changed.

2) Εμείς είμαστε φίλαθλοι του ίδιου _____ . (άθλημα)
We are fans of the same sport.

3) Ο διευθυντής ασχολείται με την αλλαγή _____ .
(το πρόγραμμα) *The principal is attending to the change of the program.*

4) Ο γλύπτης _____ παραμένει άγνωστος. (το άγαλμα)
The sculptor of the statue remains unknown.

5) Εκτός αυτού _____ θα ήθελα να μιλήσουμε και για κάτι
άλλο. (το θέμα) *Apart from this subject, I would like to talk about something else, too.*

6) Στις εκλογές πέρυσι πολλοί άνθρωποι ήταν υπέρ _____
του πρώτου υποψηφίου. (το όνομα) *In the elections of last year, many people were
in favor of the first candidate's name.*

7) Η αιτία αυτού _____ δεν είναι γνωστή. (το πράγμα)
The cause of this thing is not known.

8) Η θερμοκρασία _____ είναι σημαντική για τα φυτά.
(το χώμα) *The temperature of the earth is important for the plants.*

9) Μεταξύ _____ των βόρειων και των νότιων χωρών, η
Αγνή προτιμά το νότιο. (το κλίμα) *Between the climate of the north and the south
countries, Agne prefers the south.*

10) Ο χρόνος _____ δεν είναι ποτέ αρκετός. (το διάλειμμα)
   The break time is never enough.

11) Εμείς μάθαμε τα νέα μέσω _____ σου. (το μήνυμα)
We were informed of the news through your message.

12) Ο παραλήπτης _____ ήταν η μητέρα μου. (το δέμα)
The receiver of the parcel was my mother.

Επαναληπτικές ασκήσεις (revision exercises)

1) Το χρώμα _____ μου είναι κόκκινο. (το τετράδιο) *The color of my notebook is red.*

2) Μου αρέσει πολύ η γεύση _____ . (το τσάι) *I like the flavor of the tea very much.*

3) Η τιμή _____ τα τελευταία χρόνια έχει αυξηθεί. (το ποτό) *The price of the (alcoholic) drink has been raised during the last years.*

4) Τα παιχνίδια _____ είναι στο πάτωμα. (το αγόρι) *The boy's toys are on the floor.*

5) Η συζήτηση περί αυτού _____ είχε ενδιαφέρον. (το θέμα) *The discussion about this topic was interesting.*

6) Η θεωρία της μουσικής _____ είναι πολύ δύσκολη. (το πιάνο) *The theory of piano music is very difficult.*

7) Η λύση _____ φαίνεται αδύνατη. (το πρόβλημα) *The solution of the problem seems impossible.*

8) Το τιμόνι _____ στην Ελλάδα είναι στα αριστερά. (το αυτοκίνητο) *The steering wheel of the car in Greece is on the left.*

9) Το μέγεθος _____ είναι αρκετά μικρό. (το μπουκάλι) *The size of the bottle is quite small.*

10) Ποια είναι η διεύθυνση _____ σου; (το γραφείο) *Which is the address of your office?*

11) Το ξύλο _____ είναι από την Αγγλία. (το πάτωμα) *The wood of the floor is from England.*

12) Οι στίχοι _____ μου αρέσουν πολύ. (το τραγούδι) *I like a lot the lyrics of the song.*

Ανάμεικτες ασκήσεις γενών (mixed gender exercises)

1) Ο σύντροφος _____ είναι από την Βενεζουέλα. (η Βασιλική) *Vasiliki's partner is from Venezuela.*

2) Τα δέντρα _____ έχουν φρούτα. (ο κήπος) *The trees of the garden have fruits.*

3) Η διάρκεια _____ παραήταν μεγάλη. (η ταινία) *The duration of the movie was too long.*

4) Η κοπέλα _____ είναι Ισπανίδα. (ο Γιάννης) *Gianni's girlfriend is Spanish.*

5) Δεν θυμάμαι τον αριθμό _____ σου. (η οδός) *I don't remember the number of your street.*

6) Ποιο είναι το νούμερο _____ σας; (το παπούτσι) *Which is the size (number) of your shoe?*

7) Τα μαλλιά _____ μου είναι άσπρα. (ο πατέρας) *My father's hair are white.*

8) Η πόρτα _____ είναι δίπλα από το παράθυρο. (το τμήμα) *The door of the department is next to the window.*

9) Το φαγητό _____ είναι πεντανόστιμο. (η Μαντώ) *Mado's food is delicious.*

10) Ποιες σελίδες _____ πρέπει να διαβάσουμε; (το βιβλίο) *Which pages of the book should we read (study)?*

11) Η καθαριότητα _____ σου είναι σημαντική για την υγεία σου. (το δωμάτιο) *The hygiene of your room is important to your health.*

12) Το πλοίο _____ βρίσκεται στο λιμάνι. (ο Κώστας) *Kosta's boat is at the port.*

ΚΛΗΤΙΚΗ (VOCATIVE)

1) Γεια σου _____Γιώργο_____ , τι κάνεις; (ο Γιώργος) *Hello George, how are you?*

2) Πού πας _____ μου τόσο αργά; (το παιδί) *Where are you going my child that late?*

3) _____ ! Έλα εδώ τώρα αμέσως! (ο Στέφανος) *Stephanos! Come here right now!*

4) Καλησπέρα σας κυρία _____ . (η Ελένη) *Good afternoon Mrs. Eleni.*

5) Καληνύχτα _____ . Τα λέμε αύριο. (ο φίλος) *Goodnight pal. See you tomorrow.*

6) Ξύπνα _____ ! Η ώρα είναι έντεκα. (ο Μανώλης) *Wake up Manolis! It's eleven.*

7) Με συγχωρείτε _____ , μήπως ξέρετε πού είναι η τράπεζα; (η κυρία) *Excuse me lady, maybe you know where is the bank?*

8) Καλώς ήρθατε στο ξενοδοχείο μας κύριε _____ . (ο Παπαδόπουλος) *Welcome to our hotel, Mr. Papadopoulos.*

9) Αντίο _____ . Ελπίζω να σε ξαναδώ σύντομα. (η Γωγώ) *Goodbye Gogo. I hope to see you soon.*

10) Μην μιλάς εσύ _____ . Δεν ξέρεις. (ο Τάκης) *You, Takis, don't speak. You don't know.*

11) Βοήθεια _____ , η γυναίκα μου λιποθύμησε! (ο γιατρός) *Help, doctor, my wife passed away!*

12) Πιες γρήγορα τον καφέ σου _____ ! Έχεις αργήσει. (ο Θοδωρής) *Thodoris, drink your coffee quickly! You are late.*

13) Χαρούμενα γενέθλια _____ ! (η Μαρία) *Happy birthday Maria!*

14) Μην ξεχάσεις το μπουφάν σου _____ ! (ο Αντρέας) *Don't forget your jacket Andreas!*

15) Συγχαρητήρια _____ μου! Είμαι περήφανος για σένα. (το αγόρι) *Congratulations my boy! I am proud of you.*

ΠΛΗΘΥΝΤΙΚΟΣ ΑΡΙΘΜΟΣ
(PLURAL NUMBER)

ΟΝΟΜΑΣΤΙΚΗ (NOMINATIVE)
Α) Αρσενικό γένος (masculine gender)

Άσκηση 1 (αρσενικά σε -ος)
Exercise 1 (masculine nouns ending at -ος)

1) Όλοι _____οι άνθρωποι_____ είναι καλοί σε κάτι. (ο άνθρωπος) *All the people (everyone) are good at something.*

2) _____ είναι τα αγαπημένα μου ζώα. (ο σκύλος) *Dogs are my favorite animals.*

3) Στο σπίτι του _____ είναι άσπροι. (ο τοίχος) *The walls at his house are white.*

4) Τι νομίζουν _____ για την χώρα μας; (ο Ισπανός) *What do Spaniards think about our country?*

5) Αυτοί _____ δουλεύουν με τον πατέρα μου. (ο γιατρός) *These doctors work with my father.*

6) _____ της ομάδας μου έχουν πολύ πάθος. (ο φίλαθλος) *The fans of my team have a lot of passion.*

7) _____ των δύο οργανισμών είναι φίλοι. (ο πρόεδρος) *The presidents of the two organizations are friends.*

8) Πολλοί λένε ότι _____ υπάρχουν. (ο εξωγήινος) *Many people say that the aliens exist.*

9) _____ μοιάζουν με τους ανθρώπους. (ο πίθηκος) *Apes look like humans.*

10) Τί λένε _____ σου για μένα; (ο φίλος) *What do your friends say about me?*

11) Σήμερα στην γειτονιά μου _____ είναι κλειστοί. (ο φούρνος) *Today at my neighborhood the bakeries are closed.*

12) _____ δεν λένε πάντα την αλήθεια. (ο πολιτικός) *Politicians do not always say the truth.*

Άσκηση 2 (αρσενικά σε -ης)
Exercise 2 (masculine nouns ending at -ης)

1) _____Οι μαθητές_____ της τάξης είναι Έλληνες. (ο μαθητής) *The students of the class are Greeks.*

2) Ποιοι είναι _____ της εταιρείας; (ο διευθυντής) *Who are the directors of the company?*

3) Υπάρχουν τρεις _____ σε αυτόν τον αγώνα. (διαιτητής) *There are three referees at this match.*

4) Αυτοί είναι _____ της υπόθεσης. (ο δικαστής) *These are the judges of the case.*

5) Υπάρχουν πολλοί _____ στο σχολείο μας. (καθηγητής) *There are many teachers at our school.*

6) Δεν μου αρέσουν _____ . (ο υπολογιστής) *I don't like computers.*

7) _____ του εργοστασίου δεν δούλεψαν χτες. (ο εργάτης) *The workers of the factory didn't work yesterday.*

8) Σε αυτήν την ομάδα παίζουν δεκαοκτώ _____ . (ποδοσφαιριστής) *Eighteen football players play at this team.*

9) _____ ήταν στην αίθουσα για δύο ώρες. (ο γυμναστής) *The trainers have been in the room for three hours.*

10) Στον Γιώργο αρέσουν _____ του πόκερ. (ο παίκτης) *George likes poker players.*

11) Στην Ελλάδα υπάρχουν πολλοί _____ . (φοιτητής) *In Greece there are many university students.*

12) Όλοι _____ στο γραφείο είναι καινούργιοι. (ο εκτυπωτής) *All printers at the office are new.*

Άσκηση 3 (αρσενικά σε -ας)
Exercise 3 (masculine nouns ending at -ας)

1) Στον τοίχο μου υπάρχουν δύο _____πίνακες_____ ζωγραφικής.
(πίνακας) *On my wall there are two paintings.*

2) Στην Αφρική υπάρχουν πολλοί _____ . (ελέφαντας)
In Africa there are many elephants.

3) "Όλοι _____ είναι ίδιοι" σύμφωνα με ένα τραγούδι.
(ο άντρας) *"All men are the same" according to a song.*

4) Οι τελευταίοι _____ ήταν δύσκολοι για όλους μας.
(χειμώνας) *(The) last three winters have been difficult for us all.*

5) Δεν είναι όλοι _____ επικίνδυνοι. (ο καρχαρίας) *Not
all sharks are dangerous.*

6) Αυτοί οι δύο είναι _____ του νοσοκομείου. (ο
φύλακας) *These are the (security) guards of the hospital.*

7) _____ που δουλεύουν στο ξενοδοχείο μας είναι από
την Ιταλία. (ο μάγειρας) *The cooks that work at our hotel come from Italy.*

8) _____ αυτής της σεζόν θα είναι πολύ δύσκολοι. (ο
αγώνας) *The matches of this season will be very difficult.*

9) Ευτυχώς _____ μου με βοηθούν όταν έχω πρόβλημα.
(ο γείτονας) *Fortunately my neighbors help me when I have a problem.*

10) Οι προηγούμενοι _____ ήταν γεμάτοι από πολέμους.
(αιώνας) *The last centuries were full of wars.*

11) Είναι αλήθεια ότι όλοι _____ είναι ψηλοί.
(ο μπασκετμπολίστας) *It is true that all basketball players are tall.*

12) _____ του καταστήματος είναι πολύ ευγενικοί.
(ο ταμίας) *The cashiers of the shop are very polite.*

Επαναληπτικές ασκήσεις (revision exercises)

1) Μερικοί _____ είναι ψεύτες. (άνθρωπος) *Some people are liars.*

2) Στο πάρτι θα έρθουν όλοι _____ μας. (ο φίλος) *All our friends will come to the party.*

3) _____ του μουσείου άκουσαν έναν θόρυβο. (ο νυκτοφύλακας) *The nightguards of the museum heard a sound.*

4) Πάνω στο πλοίο υπάρχουν δέκα _____ . (ναύτης) *There are ten sailors on the ship.*

5) _____ συνήθως ξέρουν και στατιστική. (ο μαθηματικός) *Mathematicians usually know statistics, as well.*

6) Όλοι _____ προσπαθούν να φτιάξουν ένα νέο εμβόλιο. (ο επιστήμονας) *All scientists try to create a new vaccine.*

7) _____ του στίβου προπονούνται καθημερινά. (ο αθλητής) *Track athletes train daily.*

8) _____ και _____ είναι φίλοι. (ο Άγγλος) (ο Έλληνας) *English and Greeks are friends.*

9) Όλοι _____ της χώρας ψήφισαν χτες. (ο πολίτης) *All citizens of the country voted yesterday.*

10) Υπήρχαν δύο _____ στο χωριό τα τελευταία χρόνια. (δήμαρχος) *There were two mayors in the village (during) the last years.*

11) Οι μισοί _____ που έχω είναι μπλε. (αναπτήρας) *Half of the lighters I have, are blue.*

12) Δεν ταιριάζουν αυτοί _____ με τα κινητά μας. (ο φορτιστής) *These chargers do not match with our cell phones.*

B) Θηλυκό γένος (feminine gender)

Άσκηση 1 (θηλυκά σε -α)
Exercise 1 (feminine nouns ending at -α)

1) Οι περισσότερες _____γυναίκες_____ στην Ελλάδα είναι καστανές.
(γυναίκα) *Most women in Greece are brunette.*

2) _____ αυτών των παιδιών μαγείρεψαν τα φαγητά.
(η μητέρα) *These children's mothers cooked the foods.*

3) _____ της Σαντορίνης είναι πολύ διάσημες. (η παραλία)
   The beaches of Santorini are very famous.

4) Υπάρχουν _____ σε αυτό το βιβλίο που δεν
καταλαβαίνω. (έννοια) *There are terms in this book that I don't understand.*

5) _____ των εργατών ήταν καλά οργανωμένες. (η
απεργία) *The strikes of the workers were well organized.*

6) _____ δεν μπορούν να αγοραστούν. (η αξία) *Values
cannot be bought.*

7) Στον Νίκο αρέσουν πολύ _____ . (η γραβάτα) *Nikos
likes ties a lot.*

8) Παιδιά, οι καινούργιες σας _____ είναι έτοιμες.
(ταυτότητα) *Guys, your new identity cards are ready.*

9) _____ της Μαρίας είναι ακριβές. (η μπλούζα) *Maria's
shirts are expensive.*

10) Στο ξενοδοχείο υπάρχουν δύο _____ . (πισίνα) *In
the hotel there are two swimming pools.*

11) Οι αγαπημένες μου _____ είναι η Δευτέρα και η
Παρασκευή. (ημέρα) *My favorite days are Monday and Friday.*

12) Δεν μου αρέσουν _____ στο πρόγραμμα. (η αλλαγή)
   I don't like the changes at the program.

Άσκηση 2 (θηλυκά σε -η)
Exercise 2 (feminine nouns ending at -η)

1) Όλοι μας έχουμε πολλές _____μνήμες_____ από την παιδική μας ηλικία. (μνήμη) *We all have many memories from our childhood.*

2) Πολλοί λένε ότι _____ είναι καλύτερες από τα νοσοκομεία. (η κλινική) *Many people say that clinics are better than hospitals.*

3) _____ είναι πάντα δύσκολες. (η εξέταση) *Exams are always difficult.*

4) _____ των γονιών επηρεάζουν τα παιδιά. (η πράξη) *The actions of the parents affect the children.*

5) Στο σπίτι μου υπάρχουν διάφορες _____ . (τηλεόραση) *In my house there are several televisions.*

6) Ποιες είναι _____ σου Νίκο; (η σημείωση) *Which are your notes Niko?*

7) Μου αρέσουν _____ της Νίκης. (η αδερφή) *I like Nike's sisters.*

8) _____ των μεγαλύτερων δεν είναι πάντα σωστές. (η συμβουλή) *The advices of the elder aren't always correct.*

9) Σχεδόν όλες _____ στην Ελλάδα έχουν αρχαία ονόματα. (η πόλη) *Almost all cities in Greece have ancient names.*

10) Συγγνώμη, μήπως ξέρετε πού είναι _____ ; (η αποθήκη) *Excuse me, maybe you know where the warehouses are?*

11) Στον Χρήστο άρεσαν πάντα _____ . (η μηχανή) *Christos always liked motorbikes.*

12) _____ διαφέρουν, ανάλογα με την ποιότητα. (η τιμή) *The prices differ, depending on the quality.*

Άσκηση 3 (θηλυκά σε -ος)
Exercise 3 (feminine nouns ending at -ος)

1) Στις τελευταίες εκλογές πολλές _____ψήφοι_____ ήταν άκυρες. (ψήφος)
   In last elections many votes were invalid.

2) Υπάρχουν διάφορες _____ για να διδάξεις. (μέθοδος)
   There are several methods to teach.

3) _____ του κτιρίου είναι δύο. (η είσοδος) *The entrances of the building are two.*

4) Μου αρέσουν πολύ οι ιταλικές _____ . (διάλεκτος) *I like (the) Italian dialects a lot.*

5) _____ αυτού του κειμένου είναι τρεις. (η παράγραφος)
   The paragraphs of this text are three.

6) _____ της Γης είναι έξι. (η ήπειρος) *The continents of Earth are six.*

7) Ποιες είναι αυτές _____ ; (η ηθοποιός) *Who are these actresses?*

8) Στις μέρες μας υπάρχουν πολλές _____ και
_____ . (γιατρός) (δικηγόρος) *In our days there are many (female) doctors and lawyers.*

9) Συνήθως οι μεγάλες _____ έχουν τρεις λωρίδες.
(λεωφόρος) *Usually (the) big boulevards have three lines.*

10) _____ που είναι μεταβατικές είναι οι πιο δύσκολες.
(η περίοδος) *Periods that are transitional are the most difficult.*

11) Οι γυναίκες _____ είναι λιγότερες από τους άντρες.
(αρχαιολόγος) *Women that are archaeologists are less than the men.*

12) Αλλά υπάρχουν περισσότερες γυναίκες _____ , παρά
άντρες. (μαθηματικός) *But there are more female mathematicians rather than men.*

Επαναληπτικές ασκήσεις (revision exercises)

1) Υπάρχουν κάποιες _____ που δεν πρέπει να τις χάσεις.
(ευκαιρία) *There are some opportunities that you shouldn't lose.*

2) _____ μας κρίνονται από τους άλλους. (η πράξη)
Our deeds are judged by the others.

3) Και οι δύο _____ του Κώστα ήταν Ελληνίδες.
(σύζυγος) *Both Kosta's wives were Greek.*

4) _____ του Γιάννη είναι φοιτήτριες. (η κόρη) *Gianni's
daughters are students.*

5) _____ του αυτοκινήτου είναι ανοιχτές. (η πόρτα) *The
car's doors are open.*

6) Όλες _____ στο σπίτι της Μαρίας είναι ροζ. (η
κουρτίνα) *All curtains at Maria's house are pink.*

7) _____ της Αθήνας είναι πολλές. (η λεωφόρος) *The
boulevards of Athens are many.*

8) Στο μαγαζί του Πέτρου υπάρχουν τρεις _____ .
(αποθήκη) *At Petros' shop there are three storage rooms.*

9) Πόσες _____ κράτησε το σεμινάριο; (ώρα) *How many
hours did the seminar last?*

10) _____ μου μένουν στην Πάτρα. (η φίλη) *My (female)
friends live in Patras.*

11) Οι γερμανίδες _____ ήρθαν σήμερα στο νησί μας.
(αρχαιολόγος) *The German (female) archaeologists arrived to our island today.*

12) _____ της γάτας λένε ότι είναι επτά. (η ζωή) *They
say that the cat's lives are seven.*

Γ) Ουδέτερο γένος (neutral gender)

Άσκηση 1 (ουδέτερα σε -ο)
Exercise 1 (neutral nouns ending at -o)

1) Υπάρχουν πολλά _____σύννεφα_____ στον ουρανό. (σύννεφο)
There are many clouds at the sky.

2) Σου αρέσουν _____ φαντασίας; (το βιβλίο) *Do you
like fiction books?*

3) _____ δυστυχώς δεν ήταν καλά. (το νέο)
Unfortunately the news wasn't good.

4) _____ είναι απαραίτητα για την υγεία μας. (το
φάρμακο) *Medicines are necessary for our health.*

5) Μου αρέσουν τα καινούργια σου _____ . (ακουστικό)
 I like your new headset.

6) _____ σας μου άρεσαν πολύ. (το σενάριο) *I liked your
scripts a lot.*

7) Το μεσημέρι υπάρχουν πολλά _____ στους δρόμους.
(αυτοκίνητο) *At noon, there are many cars at the streets.*

8) _____ είναι διαφορετικά για κάθε άνθρωπο. (το κίνητρο)
 (The) motivations are different for every person.

9) Στον κήπο της Αργυρώς υπάρχουν τρία _____ .
(δέντρο) *At Argyro's garden there are three trees.*

10) Δύο _____ είναι ίσα με μισή ώρα. (τέταρτο) *Two
quarters are equal to half an hour.*

11) Στο χωριό μας δεν υπάρχουν πολλά _____ . (ιατρείο)
At our village there aren't many health clinics.

12) _____ σου είναι πάνω στο τραπέζι. (το τηλέφωνο) *Your
phones are on the table.*

Άσκηση 2 (ουδέτερα σε -ι)
Exercise 2 (neutral nouns ending at -ι)

1) _____Τα παιχνίδια_____ του μωρού είναι παλιά. (το παιχνίδι) *Baby's toys are old.*

2) Τα αγαπημένα μου φρούτα είναι _____ . (το αχλάδι) *Pears are my favorite fruits.*

3) _____ την Κυριακή είναι κλειστά. (το μαγαζί) *Shops are closed on Sunday.*

4) _____ μου είναι στην τσέπη μου. (το κλειδί) *My keys are in my pocket.*

5) Όλα _____ του βασιλιά ήταν υπέροχα. (το παλάτι) *All king's palaces were wonderful.*

6) _____ του Νίκου είναι πολύ δυνατά. (το χέρι) *Niko's hands are very strong.*

7) Στην θάλασσα υπήρχαν πέντε _____ . (καράβι) *At the sea there were five ships.*

8) Μαρία, ξέρεις που είναι _____ του κρασιού; (το μπουκάλι) *Maria, do you know where the wine bottles are?*

9) Σε αυτόν τον φούρνο _____ είναι νόστιμα. (το ψωμί) *In this bakery (the) breads are tasty.*

10) Τα μεγαλύτερα _____ της Ελλάδας είναι ο Αλιάκμονας και ο Αχελώος. (ποτάμι) *The longest rivers of Greece are Aliakmonas and Acheloos.*

11) Τα τελευταία _____ δεν είναι πολύ ζεστά. (καλοκαίρι) *(The) last summers are not very hot.*

12) Ποια είναι τα διασημότερα _____ ; (παραμύθι) *Which are the most famous fairytales?*

Άσκηση 3 (ουδέτερα σε -μα)
Exercise 3 (neutral nouns ending at -μα)

1) _____Τα αποτελέσματα_____ του τεστ ήταν πολύ καλά. (το αποτέλεσμα) *The results of the test were very good.*

2) Τα ελληνικά _____ δεν είναι πολύ δύσκολα. (ρήμα) *(The) Greek verbs are not very difficult.*

3) Τα βροχερά _____ είναι αρκετά συχνά τον χειμώνα. (απόγευμα) *(The) rainy afternoons are quite often at winter.*

4) _____ μας πρέπει να είναι υγιή. (το σώμα) *Our bodies should be healthy.*

5) Ποια είναι _____ του ουράνιου τόξου; (το χρώμα) *Which are the colors of the rainbow?*

6) _____ έγιναν χτες στο εργαστήριο. (το πείραμα) *(The) experiments took place at the lab yesterday.*

7) Πότε έφτασαν αυτά _____ ; (το γράμμα) *When did these letters arrive?*

8) _____ του ιού συνεχίζουν να αυξάνονται. (το κρούσμα) *The virus cases keep increasing.*

9) _____ αγγλικών γίνονται κάθε Παρασκευή. (το μάθημα) *(The) English lessons take place every Friday.*

10) _____ της αρχαίας Ελλάδας είναι διάσημα. (το άγαλμα) *The statues of ancient Greece are famous.*

11) Νομίζω ότι τα κόκκινα _____ είναι ξανά στην μόδα. (φόρεμα) *I think that (the) red dresses are again in fashion.*

12) Όλα αυτά _____ είναι της γιαγιάς. (το πράγμα) *All these things belong to grandmother.*

Επαναληπτικές ασκήσεις (revision exercises)

1) _____ του ξενοδοχείου είναι ακριβά. (το δωμάτιο) *The hotel rooms are expensive.*

2) _____ των μαθητών είναι πολύχρωμα. (το μολύβι) *The pencils of the students are colorful.*

3) Αυτά είναι _____ του Χρήστου. (το παιδί) *These are Christo's children.*

4) _____ της κοινωνίας είναι σοβαρά. (το πρόβλημα) *The problems of the society are serious.*

5) Πού είναι _____ της μαμάς; (το κόσμημα) *Where are mum's jewelry?*

6) Μου αρέσουν _____ σε αυτούς τους πίνακες. (το πρόσωπο) *I like the faces at these paintings.*

7) _____ αυτής της πόλης είναι αλμυρά. (το τυρί) *The cheeses of this town are salty.*

8) _____ βρίσκονται στο πλοίο. (το εμπόρευμα) *The goods are on the ship.*

9) Δεν μπορώ να έρθω. Με πονούν _____ μου. (το πόδι) *I cannot come. My feet hurt (me).*

10) _____ είναι ανοιχτά και τα Σάββατα. (το φαρμακείο) *(The) pharmacies are open also on Saturdays.*

11) _____ μεταξύ των διακοπών είναι μεγάλα. (το διάστημα) *The gaps between the holidays are big.*

12) _____ του Αποστόλη είναι τεράστια. (το σπίτι) *Apostolis' houses are huge.*

Ανάμεικτες ασκήσεις γενών (mixed gender exercises)

1) _____ σε κάποιες χώρες είναι παράξενοι. (ο νόμος) *(The) laws in some countries are weird.*

2) _____ του καλοκαιριού είναι τρεις. (ο μήνας) *The months of summer are three.*

3) Στο υπνοδωμάτιό σου υπάρχουν δύο _____ . (κρεβάτι) *At your bedroom there are two beds.*

4) Ο Θανάσης λέει ότι όλες _____ από την Σουηδία είναι όμορφες. (η γυναίκα) *Thanasis says that all women from Sweden are beautiful.*

5) _____ είναι πιο νόστιμα το καλοκαίρι. (το αγγούρι) *(The) cucumbers are tastier at summer.*

6) _____ στην Ελλάδα είναι τριακόσιοι. (ο βουλευτής) *The members of the parliament in Greece are three hundert.*

7) Όλες _____ είναι σημαντικές. (η ψήφος) *All votes are important.*

8) Στην πλατεία υπάρχουν δύο _____ . (άγαλμα) *At the square there are two statues.*

9) Μου αρέσουν _____ που χαμογελούν. (ο άνθρωπος) *I like people that smile.*

10) Στην Ελβετία υπάρχουν πολλές _____ . (τράπεζα) *In Switzerland there are many banks.*

11) _____ ποδοσφαίρου στην Ευρώπη είναι δύο. (το κύπελλο) *The football cups in Europe are two.*

12) _____ της ταινίας είναι τελικά αδέρφια. (ο ήρωας) *The heroes of the movie at the end are brothers.*

ΑΙΤΙΑΤΙΚΗ (ACCUSATIVE)
Α) Αρσενικό γένος (masculine gender)

Άσκηση 1 (αρσενικά σε -ος)
Exercise 1 (masculine nouns ending at -ος)

1) Σύμφωνα με _____τους Γερμανούς_____ , η Ελλάδα είναι μια πολύ όμορφη χώρα. (ο Γερμανός) *According to (the) Germans, Greece is a very beautiful country.*

2) Ο καθηγητής ήρθε μαζί με _____ του. (ο βοηθός) *The professor arrived along with his assistants.*

3) Αυτό το πράγμα είναι αντίθετο __σ_____ . (ο νόμος) *This thing is against the law(s).*

4) Από όλους _____ μόνο ένας θα είναι ο νικητής. (ο υποψήφιος) *From all candidates only one will be the winner.*

5) Μερικοί άνθρωποι νοιάζονται μόνο για _____ τους. (ο εαυτός) *Some people care only for themselves.*

6) __Σ_____ συμπεριλαμβάνονται και τα μπόνους. (ο μισθός) *In the salaries the bonuses are also included.*

7) Ο Γιάννης είναι έξω με _____ του. (ο ξαδερφός) *Giannis is out with his (male) cousins.*

8) Από όλους _____ σου ποιος είναι ο πιο ψηλός; (ο γιός) *From all your sons, who is the tallest?*

9) Η Γιωργία συμπαθεί πολύ _____ . (ο αστυνόμος) *Giorgia likes (the) policemen a lot.*

10) Μια παροιμία λέει "κράτα _____ σου κοντά και _____ σου πιο κοντά. (ο φίλος) (ο εχθρός) *A proverb says "keep your friends close and your enemies closer".*

11) Για πολλούς _____ αυτή η πολιτική δεν είναι σωστή. (άνθρωπος) *For many people this policy isn't correct.*

12) Το χειμώνα πολλά φυτά φυτρώνουν __σ_____ . (ο κήπος) *At winter many plants grow on the gardens.*

Άσκηση 2 (αρσενικά σε -ης)
Exercise 2 (masculine nouns ending at -ης)

1) Στην ζωή μου είχα πολλούς _____προπονητές_____ . (προπονητής)
In my life I have had many trainers.

2) Ο διαιτητής μίλησε σε όλους _____ πριν τον αγώνα.
(ο παίκτης)   *The referee spoke to all players before the match.*

3) Ο υπουργός τώρα μιλάει με _____ . (ο εργάτης)   *The minister is now talking with the workers.*

4) Η αστυνομία πρέπει να πιάσει _____ . (ο κλέφτης)
(The) police must catch the thieves.

5) Ο διοικητής είπε μπράβο __σ_____ του. (ο στρατιώτης)
The commander congratulated his soldiers.

6) Μαζί με _____ έφτασε και ο πρωθυπουργός. (ο διπλωμάτης)   *The prime minister arrived together with the diplomats.*

7) Ο Θοδωρής δεν είναι καλός με _____ . (ο υπολογιστής)
Thodoris is not good with (the) computers.

8) Οι μαθητές θα έρθουν μετά από _____ . (ο καθηγητής)
(The) pupils will come after the teachers.

9) Οι αλλαγές έχουν να κάνουν με τους νέους _____ .
(ναύτης)   *The changes have to do with the new sailors.*

10) Κύριε, μήπως ξέρετε κάποιον από _____ ; (ο επιβάτης)   *Sir, may you know somebody from the passengers?*

11) Ο Νίκος θυμάται τους περισσότερους έλληνες _____ .
(ποιητής)   *Nikos remembers most of the Greek poets.*

12) Ο Γιώργος κι ο Χρήστος είναι φίλοι με πολλούς _____ .
(χορευτής)   *Giorgos and Christos are friends with many dancers.*

Άσκηση 3 (αρσενικά σε -ας)
Exercise 3 (masculine nouns ending at -ας)

1) Καλημέρα, θα ήθελα να αγοράσω δύο _____ανεμιστήρες_____ .
(ανεμιστήρας)   *Good morning, I would like to buy two ventilators.*

2) Οι γυναίκες ήρθαν στην εκκλησία χωρίς _____ τους.
(ο άντρας)   *The women came to the church without their husbands.*

3) Μετά _____ οι παίκτες θα ξεκουραστούν. (ο αγώνας)
After the games the players will get some rest.

4) Αυτός ο θόρυβος έρχεται από _____ ; (ο γείτονας)   *Is this noise coming from the neighbors?*

5) Και οι δύο αδερφοί μου είναι _____ . (μάγειρας)   *Both my brothers are cooks.*

6) "Οι τρεις _____ " είναι ένα από τα καλύτερα βιβλία παγκοσμίως. (σωματοφύλακας)   *"The Three Musketeers" is one of the best books worldwide.*

7) Τα αποτελέσματα είναι γραμμένα __σ_____ . (ο πίνακας)
The results are written on the boards.

8) Αυτό το ρήμα κλίνεται σύμφωνα με _____
γραμματικής. (ο κανόνας)   *This verb is conjugated according to the grammar rules.*

9) Είδε κανείς _____ μου; (ο αναπτήρας)   *Did anyone see my lighters?*

10) Ο γιός μου είδε τρεις _____ στο τσίρκο. (ελέφαντας)
My son saw three elephants at circus.

11) Από _____ της Ντίσνεϊ ποιός είναι ο αγαπημένος σου;
(ο ήρωας)   *From the Disney heroes who is your favorite?*

12) __Σ_____ του καλοκαιριού έχουμε υψηλές θερμοκρασίες.
(ο μήνας)   *In summer months we have high temperatures.*

Επαναληπτικές ασκήσεις (revision exercises)

1) Η Λάουρα έχει πολλούς _____ από την Ελλάδα.
(φίλος)   *Laura has many (male) friends from Greece.*

2) Αυτά τα παιχνίδια αρέσουν σε όλους _____ . (ο
μαθητής)   *All students like these games.*

3) Νομίζω ότι ακούω κάτι μέσα __σ_____ . (ο σωλήνας)   *I
think that I hear something inside the pipes.*

4) Ο Ορέστης είχε μια κλήση από _____ . (ο τροχονόμος)
Orestis had a call from the traffic policemen.

5) Στην τάξη μας έχουμε δύο _____ . (καθηγητής)   *In our
classroom we have two teachers.*

6) Τα γατάκια παγιδεύτηκαν __σ_____ . (ο ανελκυστήρας)
The kittens were trapped in the elevators.

7) Για τους επόμενους _____ θα πρέπει να μείνουν όλοι
σπίτι. (μήνας)   *For the coming months everybody should stay home.*

8) Έχω αρκετούς _____ , αλλά η αγαπημένη μου είναι η
κυρία Μαρία. (γείτονας)   *I have many neighbors but my favorite is Mrs. Maria.*

9) Οι νέοι έχουν πολλά να μάθουν από _____ . (ο γέρος)
Young people have a lot of things to learn from the elderly (ones).

10) Ο πρόεδρος έβγαλε λόγο μπροστά σε όλους _____ .
(ο εργάτης)   *The president made a speech before all workers.*

11) Ο θείος μου έχει στην βίλλα του οκτώ _____ .
(μάγειρας)   *My uncle has eight cooks at his villa.*

12) Ποιον προτιμάς από _____ ; (ο υποψήφιος)   *Whom
do you prefer from the candidates?*

B) Θηλυκό γένος (feminine gender)

Άσκηση 1 (θηλυκά σε -α)
Exercise 1 (feminine nouns ending at -α)

1) Το καράβι έφυγε πριν από τρεις _____ώρες_____ . (ώρα) *The ship left three hours ago.*

2) Παρά τις πολλές _____ , η ομάδα έχασε. (ευκαιρία) *Despite the many chances, the team lost.*

3) Θα θέλαμε δύο _____ καλαμαράκια παρακαλώ. (μερίδα) *We would like two portions of kalamarakia, please.*

4) Πολλοί άνθρωποι πηγαίνουν __σ_____ τους με το μετρό. (η δουλειά) *Many people go to their jobs by metro.*

5) Ο διαιτητής δεν βοήθησε καμία από τις δύο _____ . (ομάδα) *The referee didn't help any of the two teams.*

6) Μου αρέσουν περισσότερο οι σκύλοι από _____ . (η γάτα) *I like dogs more than (the) cats.*

7) Μαρία, πώς τα πηγαίνεις με _____ ; (η κοπέλα) *Maria, how are you doing with the girls?*

8) Ο Μάκης καταλαβαίνει _____ πολύ καλά. (η γυναίκα) *Makis understands (the) women very well.*

9) Ο Θεόφιλος φωτογραφίζει όμορφες _____ . (εικόνα) *Theophilos photographs beautiful pictures.*

10) Τα προβλήματα για _____ δεν σταματούν εδώ. (η τράπεζα) *The problems for the banks don't stop here.*

11) __Σ_____ μας οι άνθρωποι ζουν καλύτερα. (η μέρα) *In our days people live better.*

12) Συνήθως μετά _____ έρχονται οι αποτυχίες. (η επιτυχία) *Usually failures come after (the) successes.*

Άσκηση 2 (θηλυκά σε -η)
Exercise 2 (feminine nouns ending at -η)

1) Αυτό το δώρο είναι για _____τις αδερφές_____ σου. (η αδερφή)
This gift is for your sisters.

2) Εγώ έχω ζήσει σε τρεις _____ τα τελευταία πέντε
χρόνια. (πόλη) *I have lived in three cities (during) the last five years.*

3) Ο Νίκος πάντα κρατάει _____ στο μάθημα.
(σημείωση) *Nikos always takes notes at the lesson.*

4) Άκουσε _____ μου Μαρία και θα πετύχεις. (η
συμβουλή) *Heed to my advices Maria and you will succeed.*

5) Ο Παναγιώτης και η Ιωάννα έχουν δύο _____ .
(κόρη) *Panagiotis and Ioanna have two daughters.*

6) Βλέπεις αυτές _____ ; Είναι δικές σου. (η αποθήκη)
Do you see these storage rooms? They are yours.

7) Τα παιδιά κάνουν πολλές _____ . (ευχή) *(The)*
children make a lot of wishes.

8) Νομίζω ότι δεν έχεις _____ για αυτό που λες.
(απόδειξη) *I think that you haven't proves for what you are saying.*

9) Το θέατρο δεν είχε καθόλου κενές _____ . (θέση)
The theater didn't have empty seats at all.

10) Πώς τα πήγες __σ_____ Χρήστο; (η εξέταση) *How*
were your exams Christos?

11) Οι άνθρωποι ζουν διαφορετικά _____ τους. (η ζωή)
People live their lives differently.

12) Δώσε αυτό το φαγητό __σ_____ σου. (η φίλη) *Give*
this food (to) your friends.

Άσκηση 3 (θηλυκά σε -ω και σε -ος)
Exercise 3 (feminine nouns ending at -ω and at -ος)

1) Δεν καταλαβαίνω _____τις μεθόδους_____ του καθηγητή. (η μέθοδος) *I do not understand the teacher's methods.*

2) Οι πολιτικοί κάνουν τα πάντα για _____ . (η ψήφος)
   Politicians do everything for the votes.

3) Τα πράγματα είναι δύσκολα για τις ελληνίδες _____ .
   (ηθοποιός) *Things are tough for Greek actresses.*

4) Αγόρασε αυτό το φόρεμα για τις βραδινές _____ της.
   (έξοδος) *She bought this dress for her night out(s).*

5) Σε όλες _____ υπάρχει φτώχεια. (η ήπειρος) *In all continents there is poverty.*

6) Οι άνθρωποι έτρεξαν προς _____ του μαγαζιού. (η είσοδος) *People ran towards the entrances of the shop.*

7) Στην Ελλάδα οι κάτοικοι μιλούν πολλές _____ .
   (διάλεκτος) *In Greece the inhabitants speak many dialects.*

8) Αυτά τα χρήματα θα είναι για τις δύσκολες _____ .
   (περίοδος) *This money will be for the difficult periods.*

9) Ταξίδευαν όλο το βράδυ σε μεγάλες _____ .
   (λεωφόρος) *They have been travelling all night on big avenues.*

10) Ο διαγωνισμός είναι μόνο για γυναίκες _____ .
   (μαθηματικός) *The competition is only for female mathematicians.*

11) Ο μαθητής χτες έγραψε τρεις _____ . (παράγραφος)
   The student wrote three paragraphs yesterday.

12) Αυτό το τμήμα έχει άντρες και γυναίκες _____ .
   (αστυνομικός) *This department has male and female police officers.*

Επαναληπτικές ασκήσεις (revision exercises)

1) Συζητάμε για _____ του χρηματιστηρίου. (η μετοχή)
We are discussing about the shares of the stock market.

2) Οι μαθητές φορούσαν _____ μέσα στην τάξη.
(μάσκα) *The pupils were wearing masks in the classroom.*

3) Τα νέα ήταν καλά για _____ . (η δικηγόρος) *The
news was good for the female lawyers.*

4) Αυτοί αγόρασαν τέσσερις _____ πέρυσι. (μηχανή)
They bought four motorbikes last year.

5) _Σ_____ μου αρέσει η σοκολάτα. (η ξαδέρφη) *My
female cousins like chocolate.*

6) Η γιαγιά έδωσε καραμέλες _σ_____ της. (η εγγονή)
The grandmother gave candies to her granddaughters.

7) Ο Αντρέας θα δουλεύει για δύο _____ ακόμα.
(εβδομάδα) *Andreas will be working for two more weeks.*

8) Η εκκλησία του χωριού έχει τρεις _____ . (πόρτα)
The church of the village has three doors.

9) Το αστείο άρεσε _σ_____ των φίλων μου. (η σύζυγος)
The wives of my friends liked the joke.

10) Εσύ είσαι υπεύθυνος για _____ σου. (η πράξη) *You
are responsible for your deeds.*

11) Μου δίνεις _____ μου σε παρακαλώ; (η παντόφλα)
Can you give me my slippers please?

12) Οι ασθενείς πήγαν σε ιδιωτικές _____ . (κλινική)
The patients went at private clinics.

Ανάμεικτες ασκήσεις γενών (mixed gender exercises)

1) Πολλοί νέοι νοιάζονται μόνο για _____ τους. (ο εαυτός) *Many young people care only about themselves.*

2) Ποιός θα κάνει _____ του σπιτιού; (η δουλειά) *Who will do the house chores?*

3) Ήταν μια μεγάλη επιτυχία για τις αμερικανίδες _____ . (αρχαιολόγος) *It was a great success for the American archaeologists.*

4) Τους προηγούμενους _____ δεν παίξαμε ποδόσφαιρο. (χειμώνας) *(During the) previous winters we didn't play football.*

5) Το βραβείο για _____ είναι ένα ταξίδι. (ο νικητής) *The prize for the winners is a trip.*

6) Η ζωή ___σ_____ δεν είναι εύκολη. (η φυλακή) *Life in prison(s) is not easy.*

7) Αυτή είναι μια από τις αγαπημένες μου _____ . (ταινία) *This is one of my favorite movies.*

8) Πάντα κοιτάζω _____ των μνημείων. (η επιγραφή) *I always look at the inscriptions of the monuments.*

9) Το κάστρο ήταν εμπόδιο για _____ . (ο εχθρός) *The castle was an obstacle for the enemies.*

10) Η ροκ μουσική αρέσει ___σ_____ της. (ο γείτονας) *Her neighbors like rock music.*

11) ___Σ_____ της πόλης μου υπάρχουν πολλά πεζοδρόμια. (η οδός) *On the streets of my town there are many pavements.*

12) Η έμπνευση είναι ένα χάρισμα για _____ . (ο ποιητής) *Inspiration is a charisma for the poets.*

ΓΕΝΙΚΗ (GENITIVE)
Α) Αρσενικό γένος (masculine gender)

Άσκηση 1 (αρσενικά ουσιαστικά σε -ος)
Exercise 1 (masculine nouns ending at -ος)

1) Οι ζωές όλων _____των ανθρώπων_____ είναι σημαντικές. (ο άνθρωπος)
(The) lives of all people are important.

2) Το σπίτι _____ μου είναι στην θάλασσα. (ο γονιός)
My parent's house is by the sea.

3) Τα λουλούδια _____ στην πόλη σου είναι
πολύχρωμα. (ο κήπος) *The flowers of the gardens at your town are colorful.*

4) Τα φαγητά _____ αρέσουν στον Μιχάλη. (ο
Γερμανός) *Michalis likes the Germans' food.*

5) Η δουλειά _____ συχνά είναι επικίνδυνη. (ο
αστυνομικός) *The police officer's job often is dangerous.*

6) Δεν θυμάμαι πότε είναι τα γενέθλια _____ μου. (ο
φίλος) *I don't remember when my friends' birthday is.*

7) Ο Σπύρος ξέρει τα ονόματα _____ του. (ο βοηθός)
Spiros knows the names of his assistants.

8) Η υγεία _____ είναι ευάλωτη. (ο γέρος) *Elder
people's health is vulnerable.*

9) Ποια είναι τα επωνύματα _____ ; (ο υποψήφιος)
Which are the surnames of the candidates?

10) Δεν καταλαβαίνω το νόημα αυτών _____ . (ο νόμος)
 I don't understand the meaning of these rules.

11) Αυτά είναι τα παιχνίδια _____ της Νικολέτας. (ο γιός)
 These are Nikoleta's sons' toys.

12) Οι μισθοί _____ δεν είναι πάντα υψηλοί. (ο
γιατρός) *The doctors' salaries are not always high.*

Άσκηση 2 (αρσενικά σε -ης)
Exercise 2 (masculine nouns ending at -ης)

1) Τα βραβεία _____των νικητών_____ δεν είναι ακόμα γνωστά. (ο νικητής)
   The winners' prizes are not known yet.

2) Οι κινήσεις _____ ήταν απίστευτες. (ο χορευτής)
   The dancers' moves were amazing.

3) Οι τιμές _____ είναι χαμηλές αυτήν την περίοδο. (ο
   υπολογιστής) *The prices of the computers are low this period.*

4) Η εστία _____ είναι κοντά στο κέντρο. (ο φοιτητής)
   The (university) students' dormitory is close to the center.

5) Η επίσκεψη _____ έγινε χθες. (ο διπλωμάτης) *The
   diplomats' visit took place yesterday.*

6) Οι στολές _____ πρέπει να είναι καθαρές. (ο
   στρατιώτης) *The uniforms of the soldiers must be clean.*

7) Τα τετράδια _____ βρίσκονται πάνω στα θρανία. (ο
   μαθητής) *The students' notebooks are lying on the desks.*

8) Τα δικαιώματα _____ είναι σπουδαία. (ο πολίτης)
   The rights of the citizens are significant.

9) Τα ποιήματα αυτών _____ μου αρέσουν. (ο ποιητής)
   I like the poems of these poets.

10) Η μέρα _____ ξεκινάει νωρίς το πρωί. (ο αγρότης)
    The farmers' day begins early in the morning.

11) Οι διακοπές _____ τελείωσαν. (ο καθηγητής) *The
    teachers' vacation are over.*

12) Η απόδοση _____ είναι καλύτερη φέτος. (ο
    παίκτης) *The players' efficiency is better this year.*

Άσκηση 3 (αρσενικά σε -ας)
Exercise 3 (masculine nouns ending at -ας)

1) Το ντύσιμο _____των αντρών_____ έχει αλλάξει τα τελευταία χρόνια.
(ο άντρας) *The men's dressing has changed (during) the last years.*

2) Η μνήμη _____ είναι δυνατή. (ο ελέφαντας) *The memory of the elephants is strong.*

3) Στο παραμύθι ο Μηνάς ταξιδεύει στην χώρα _____ .
(ο γίγαντας) *At the fairytale Minas travels to the land of the giants.*

4) Το μήκος _____ είναι δώδεκα μέτρα. (ο σωλήνας)
The length of the pipes is twelve meters.

5) Ένα γνωστό φαγητό _____ είναι ο μουσακάς. (ο Έλληνας) *A well-known Greeks' food is moussaka.*

6) Τα παιδιά _____ είναι ήσυχα. (ο γείτονας) *The neighbors' children are quiet.*

7) Ξέρεις τα αποτελέσματα _____ ; (ο αγώνας) *Do you know the results of the games?*

8) Το μέγεθος αυτών _____ είναι μικρό. (ο ανελκυστήρας)
The size of these elevators is small.

9) Οι ιστορίες _____ είναι ενδιαφέρουσες. (ο ήρωας)
The hero's stories are interesting.

10) Τα έσοδα των τελευταίων _____ είναι αρκετά καλά.
(μήνας) *The incomes of the last months are good enough.*

11) Τα σχέδια _____ ήταν πολύπλοκα. (ο αρχιτέκτονας)
The designs of the architects were complicated.

12) Το φως _____ φαινόταν στο σκοτάδι. (ο αναπτήρας) *The light of the lighters was visible in the darkness.*

Επαναληπτικές ασκήσεις (revision exercises)

1) Τα εισιτήρια _____ ελέγχθηκαν δύο φορές. (ο επιβάτης) *The tickets of the passengers were checked twice.*

2) Η λειτουργία _____ είναι απλή. (ο ανεμιστήρας)
The function of the ventilators is simple.

3) Όλοι μάθαμε την επικινδυνότητα _____ . (ο ιός) *We all have learnt the riskiness of the viruses.*

4) Ο αρχηγός _____ πέθανε στην μάχη. (ο εχθρός) *The chief of the enemies died at the battle.*

5) Η κατάσταση _____ είναι κρίσιμη. (ο τραυματίας)
The condition of the injured (people) is crucial.

6) Οι φόροι _____ είναι μειωμένοι. (ο βουλευτής) *The parliamentarians' taxes are reduced.*

7) Τα σαγόνια _____ είναι πολύ δυνατά. (ο καρχαρίας)
 The jaws of the sharks are really strong.

8) Οι ομοιότητες _____ με τους ανθρώπους είναι πολλές.
 (ο πίθηκος) *The similarities of the apes with (the) humans are many.*

9) Οι γυναίκες _____ μένουν μόνες για πολύ καιρό. (ο ναύτης) *The women of the sailors stay alone for a long time.*

10) Οι οθόνες _____ μου είναι σχετικά μικρές. (ο υπολογιστής) *The screens of my computers are relatively small.*

11) Οι ομάδες _____ είναι τέσσερις. (ο όμιλος) *The teams of the groups are four.*

12) Η αντίδραση _____ ήταν άμεση. (ο σωματοφύλακας) *The reaction of the bodyguards was immediate.*

B) Θηλυκό γένος (feminine gender)

Άσκηση 1 (θηλυκά σε -α)
Exercise 1 (feminine nouns ending at -α)

1) Ο ρόλος _____των γυναικών_____ άλλαξε τα τελευταία χρόνια. (η γυναίκα)
   The role of (the) women changed (during) the last years.

2) Εσύ ξέρεις που είναι τα λεφτά _____ ; (η τράπεζα)
   Do you know where are the money of the banks?

3) Τα σύνορα των δύο _____ είναι κοντά. (χώρα) *The borders of the two countries are close.*

4) Η αξία _____ είναι ανεκτίμητη. (η ιδέα) *The value of the ideas is priceless.*

5) Τα έξοδα αυτών _____ είναι τεράστια. (η εβδομάδα)
   The expenses of these weeks are huge.

6) Η διάρκεια των δύο _____ είναι μεγάλη. (ταινία)
   The duration of the two movies is big.

7) Οι τιμές _____ έχουν ανέβει. (η μάσκα) *The prices of the masks have been raised.*

8) Οι φίλαθλοι _____ ήρθαν στο στάδιο. (η ομάδα)
   The fans of the teams came to the stadium.

9) Τα χρώματα _____ είναι όμορφα. (η πεταλούδα)
   The colors of the butterflies are beautiful.

10) Το μέγεθος _____ ήταν μικροσκοπικό. (η ευκαιρία)
    The size of the opportunities was tiny.

11) Ποιος είναι ο αριθμός _____ του πρωταθλήματος;
    (η ισοπαλία) *Which is the number of the draws of the championship?*

12) Οι θερμίδες _____ συνήθως είναι υψηλές. (η σοκολάτα) *The calories of the chocolates usually are high.*

Άσκηση 2 (θηλυκά σε -η)
Exercise 2 (feminine nouns ending at -η)

1) Τα κρεβάτια _____των κλινικών_____ είναι γεμάτα. (η κλινική) *The beds of the clinics are occupied (full).*

2) Τα ονόματα _____ της Μαρίας είναι Πηνελόπη και Αντιγόνη. (η κόρη) *The names of Maria's daughters are Penelope and Antigone.*

3) Η αύξηση _____ ξεκίνησε πέρυσι. (η τιμή) *The raising of the prices began last year.*

4) Είδε κανείς το τετράδιο _____ μου; (η σημείωση) *Did anyone see my notebook?*

5) Τα αποτελέσματα _____ του είναι ορατά. (η πράξη) *The results of his actions are visible.*

6) Οι άνθρωποι _____ συνήθως έχουν άγχος. (η πόλη) *The people of the cities (that live in the cities) usually have stress.*

7) Ο ήχος των δύο _____ με ενοχλεί. (τηλεόραση) *The sound of the two televisions disturbs me.*

8) Η θέση _____ είναι μακριά από την πόλη. (η φυλακή) *The location of the prisons is far from the city.*

9) Η αξία όλων των ανθρώπινων _____ πρέπει να είναι ίδια. (ζωή) *The value of all human lives must be the same.*

10) Οι γιορτές _____ μου είναι τον Οκτώβρη. (η φίλη) *The name days of my friends are at October.*

11) Η ταχύτητα _____ ήταν πολύ μεγάλη. (η μηχανή) *The speed of the motorbikes was very high (big).*

12) Η περίοδος _____ τελείωσε. (η εγγραφή) *The period of registrations is over.*

Άσκηση 3 (θηλυκά σε -ω και σε -ος)
Exercise 3 (feminine nouns ending at -ω and at -ος)

1) Ξέρεις τα ονόματα _____των ηπείρων_____ της Γης; (η ήπειρος)
   Do you know the names of the continents of Earth?

2) Δεν ξέρουμε ακόμα τον τελικό αριθμό _____ . (η
ψήφος) *We don't know the final number of the votes yet.*

3) Η εφημερία _____ τελειώνει στις δύο. (η γιατρός)
The shift of the doctors ends at two.

4) Η παράσταση _____ ήταν εξαιρετική. (η ηθοποιός)
 The performance of the actresses was outstanding.

5) Οι πόρτες _____ είναι τρεις. (η έξοδος) *The doors of
the exits are three.*

6) Τα φώτα _____ είναι ορατά από μακριά. (η
λεωφόρος) *The lights of the avenues are visible from a distance.*

7) Η εθνικότητα _____ μου είναι ελληνική. (η σύζυγος)
 My wives' nationality is Greek.

8) Τα λόγια _____ ήταν περίπλοκα. (η δικηγόρος) *The
words of the lawyers were complicated.*

9) Η ανάμνηση των δύσκολων _____ με βοηθάει.
(περίοδος) *The memory of the tough periods helps me.*

10) Αυτοί ξέρουν την ιστορία αυτών _____ . (η μέθοδος)
They know the history of these methods.

11) Οι λέξεις _____ πρέπει να είναι πάνω από εκατό. (η
παράγραφος) *The words of the paragraphs should be more than one hundred.*

12) Τα φώτα _____ είναι κλειστά. (η είσοδος) *The
lights of the entrances are turned off.*

Επαναληπτικές ασκήσεις (revision exercises)

1) Η διάρκεια _____ μου φαίνεται μεγάλη. (η ημέρα)
The duration of the days seems big (long) to me.

2) Φέρε μου γρήγορα το κουτί των πρώτων _____ .
(βοήθεια) *Bring me quickly the first aid kit.*

3) Η ανακάλυψη _____ ήταν συγκλονιστική. (η
αρχαιολόγος) *The discovery of the archaeologists was amazing.*

4) Το μήκος των δύο _____ είναι ένα χιλιόμετρο.
(οδός) *The length of the two streets is one kilometer.*

5) Χθες μάθαμε την ημερομηνία _____ . (η εξέταση)
Yesterday we got informed about the date of the exams.

6) Η αποτελεσματικότητα _____ του είναι εκπληκτική.
(η συμβουλή) *The effe of his advices is amazing.*

7) Οι γνώση _____ είναι βαθιά. (η μαθηματικός) *The
knowledge of the mathematicians is deep.*

8) Τα γράμματα _____ συχνά είναι μικρά. (η
εφημερίδα) *The letters of the newspapers are often small.*

9) Αυτό είναι το δωμάτιο _____ μου. (η αδερφή) *This
is my sisters' room.*

10) Η δύναμη _____ μερικές φορές είναι εντυπωσιακή.
(η εικόνα) *The power (impact) of the images is sometimes impressive.*

11) Σήμερα φάγαμε τα αυγά _____ μας. (η κότα)
Today we ate the eggs of our hens.

12) Η ταχύτητα _____ είναι αρκετά υψηλή. (η
λεοπάρδαλη) *The speed of the leopards is high enough.*

Γ) Ουδέτερο γένος (neutral gender)

Άσκηση 1 (ουδέτερα σε -ο)
Exercise 1 (neutral nouns ending at -o)

1) Το χρώμα _____των σύννεφων_____ δεν είναι πάντα άσπρο. (το σύννεφο) *The color of the clouds isn't always white.*

2) Η διαφορά _____ των δύο ομάδων ήταν μεγάλη. (το επίπεδο) *The difference of the levels of the two teams was big.*

3) Οι παρενέργειες _____ δεν είναι γνωστές. (το φάρμακο) *The side effects of the medicines aren't known.*

4) Η ομάδα μου έχει τον μεγαλύτερο αριθμό _____ στην Ευρώπη. (κύπελλο) *My team (club) has the biggest number of cups in Europe.*

5) Το μέγεθος των νέων _____ είναι μικρότερο. (τηλέφωνο) *The size of the new telephones is smaller.*

6) Αυτό το μοντέλο _____ μου αρέσει πολύ. (κινητό) *I like very much this model of mobile phones.*

7) Οι βάρδιες _____ αλλάζουν κάθε εβδομάδα. (το νοσοκομείο) *The shifts of the hospitals change every week.*

8) Η ομοιότητα _____ τους είναι εκπληκτική. (το πρόσωπο) *The similarity of their faces is amazing.*

9) Ο δημιουργός _____ παραμένει άγνωστος. (το σενάριο) *The creator of the screenplay remains unknown.*

10) Σου αρέσουν οι αγώνες _____ ; (αυτοκίνητο) *Do you like car races?*

11) Τα κρεβάτια _____ μας είναι καινούργια. (το δωμάτιο) *The beds of our rooms are new.*

12) Το ύψος αυτών _____ είναι τρία μέτρα. (το δέντρο) *The height of these trees is three meters.*

Άσκηση 2 (ουδέτερα σε -ι)
Exercise 2 (neutral nouns ending at -ι)

1) Ο αριθμός _____των κομματιών_____ του παζλ είναι τεράστιος. (το κομμάτι) *The number of the pieces of the puzzle is huge.*

2) Υπάρχει ένα κατάστημα _____ κοντά στο σπίτι μου. (παιχνίδι) *There is a play store close to my house.*

3) Οι αναμνήσεις _____ είναι γεμάτες θάλασσα και ήλιο. (το καλοκαίρι) *The memories of the summers are full of sea and sun.*

4) Ποια είναι η μάρκα αυτών _____ ; (το κρεβάτι) *Which is the brand of these beds?*

5) Ο ιδιοκτήτης _____ είναι ένας φίλος του Νίκου. (το καράβι) *The owner of the ships is a friend of Nikos.*

6) Το μήκος _____ είναι πάνω από ογδόντα χιλιόμετρα. (το ποτάμι) *The length of the rivers is more than eighty kilometers.*

7) Η Κρήτη είναι γνωστή για την παραγωγή _____ . (τυρί) *Crete is famous for the production of cheeses.*

8) Ο θείος μου είναι έμπορος _____ και μήλων. (αχλάδι) *My uncle is a trader of pears and apples.*

9) Ο παππούς _____ μένει στην Αμερική. (το παιδί) *The children's grandfather lives in America.*

10) Ο χρυσός των δύο _____ ήταν καλά κρυμμένος. (παλάτι) *The gold of the two palaces was well hidden.*

11) Οι ιστορίες _____ έχουν καλό τέλος. (το παραμύθι) *The stories of the fairytales have a happy end.*

12) Η αξία _____ είναι εξαιρετικά μεγάλη. (το διαμάντι) *The value of the diamonds is extremely big.*

Άσκηση 3 (ουδέτερα σε -μα)
Exercise 3 (neutral nouns ending at -μα)

1) Βρήκαμε τις λύσεις _____των προβλημάτων_____ . (το πρόβλημα)
We found the solutions of the problems.

2) Η θέση αυτών _____ δεν είναι σωστή. (το πράγμα)
The position of these things is not correct.

3) Η ώρα _____ μας άλλαξε. (το μάθημα) *The time of our lessons changed.*

4) Τα αποτελέσματα _____ είναι επιτέλους γνωστά. (το πείραμα) *The results of the experiments are finally known.*

5) Η αποστολή _____ έγινε την προηγούμενη εβδομάδα. (το γράμμα) *The sending of the letters took place (the) last week.*

6) Ο πρόεδρος ανακοίνωσε την ημερομηνία _____ . (το αποτέλεσμα) *The president announced the date of the results.*

7) Η ηλικία _____ είναι πάνω από δύο χιλιάδες χρόνια. (το άγαλμα) *The age of the statues is over two thousand years.*

8) Μου αρέσει η γραμματική _____ . (το ρήμα) *I like the grammar of the verbs.*

9) Το σχήμα _____ είναι κομψό. (το φόρεμα) *The shape of the dresses is elegant.*

10) Τα διαμάντια _____ είναι αληθινά. (το κόσμημα) *The diamonds of the jewels are real.*

11) Η χώρα αυτών _____ είναι ο Καναδάς. (το νόμισμα) *The country of these coins is Canada.*

12) Ο αριθμός _____ μειώνεται. (το κρούσμα) *The number of the cases is reduced.*

Επαναληπτικές ασκήσεις (revision exercises)

1) Οι τίτλοι _____ είναι στα αγγλικά. (το βιβλίο) *The titles of the books are (written) in English.*

2) Ντίνα, έλυσες τις ασκήσεις _____ ; (το ουσιαστικό) *Dina, did you solve the exercises of the nouns?*

3) Η τήρηση _____ είναι υποχρεωτική. (το πρόγραμμα) *The keeping of the programs is mandatory.*

4) Οι επιπτώσεις _____ δεν είναι μικρές. (το ψέμα) *The aftereffects of the lies aren't small.*

5) Το μπρελόκ _____ μου είναι ξύλινο. (το κλειδί) *The keychain of my keys is wooden.*

6) Αυτό είναι ένα δυνατό αντισηπτικό _____ . (χέρι) *This is a strong hand antiseptic.*

7) Τα φύλλα _____ θα πέσουν σύντομα. (το δέντρο) *The leaves of the trees will soon fall.*

8) Θα πάμε για φαγητό στην ταβέρνα "η αυλή _____ . (το χρώμα) *We will go for food at the tavern "The yard of the colors"*

9) Το περιεχόμενο _____ έχει αλκοόλ. (το μπουκάλι) *The content of the bottles has alcohol.*

10) Το σχήμα _____ είναι κυλινδρικό. (το μολύβι) *The size of the pencils is cylindric.*

11) Οι κανόνες αυτών _____ είναι αρκετά απλοί. (το παιχνίδι) *The rules of these games are quite simple.*

12) Ο ήχος των καινούργιων _____ είναι πολύ καθαρός. (ακουστικό) *The sound of the new headset is very clear.*

Ανάμεικτες ασκήσεις γενών (mixed gender exercises)

1) Τα σπίτια _____ μου είναι μεγαλύτερα από το δικό μου. (ο φίλος) *My friends' houses are bigger than mine.*

2) Η παράσταση _____ άρεσε σε όλους. (η ηθοποιός) *Everyone liked the show of the actresses.*

3) Είδαμε ένα πλήθος _____ στην πλατεία. (μαθητής) *We saw a masse of students at the square.*

4) Οι βιτρίνες _____ είναι γεμάτες παιχνίδια. (το μαγαζί) *The display windows of the shops are full of toys.*

5) Πάντα διαβάζω τις κριτικές _____ που αγοράζω. (το βιβλίο) *I always read the reviews of the books that I buy.*

6) Οι πρόεδροι των δύο _____ συναντήθηκαν χθες. (χώρα) *The presidents of the two countries met yesterday.*

7) Η ώρα _____ είναι πάντα η ίδια. (ο αγώνας) *The time of the matches is always the same.*

8) Η μητέρα _____ μου είναι η θεία μου. (η ξαδέρφη) *My cousins' mother is my aunt.*

9) Η τιμή _____ παραμένει η ίδια. (το εμπόρευμα) *The price of the merchandises remains the same.*

10) Η δουλειά _____ είναι σημαντική. (ο ορθοδοντικός) *The job of the orthodontists is important.*

11) Η συντροφιά _____ αρέσει σε πολλούς ανθρώπους. (το ζώο) *Many people like the company of the animals.*

12) Η προβολή _____ αρχίζει αύριο. (η ταινία) *The screening of the movies is starting tomorrow.*

ΚΛΗΤΙΚΗ (VOCATIVE)

1) _____Παιδιά_____ ελάτε να φάτε τώρα! (το παιδί) *Children come to eat right now!*

2) Καλημέρα σας _____ . Τι κάνετε; (ο κύριος) *Good morning gentlemen. How are you?*

3) Γεια σας _____ μου. Πώς είστε σήμερα; (η κυρία) *Hello my ladies. How are you today?*

4) Μπείτε στο αυτοκίνητο _____ μου! (η αδερφή) *Get in the car my sisters!*

5) Καλησπέρα αγαπητοί _____ ! (ο τηλεθεατής) *Good evening dear viewers!*

6) Γεια σας λατρεμένοι μου _____ ! (ο γείτονας) *Hello my beloved neighbors!*

7) Ακούστε με _____ ! Η πόλη σας κινδυνεύει. (ο άντρας) *Listen to me men! Your city is in danger.*

8) Μιλήστε _____ ! Πείτε την γνώμη σας! (η γυναίκα) *Talk women! Say your opinion.*

9) Καλή εβδομάδα αγαπημένοι _____ ! (ο ακροατής) *(Have a) nice week my dear listeners!*

10) Βοήθεια _____ ! Πονάω πολύ. (ο γιατρός) *Help doctors! I feel pain.*

11) Χαίρετε κύριοι _____ ! Καλώς ήρθατε στην χώρα μας. (ο υπουργός) *Hello (Misters) ministers! Welcome to our country.*

12) Αγαπητοί _____ την προσοχή σας παρακαλώ! (ο επιβάτης) *Dear passengers your attention please!*

13) _____ μου! Σας ευχαριστώ όλους. (ο ψηφοφόρος) *My voters! Thank you all!*

14) Συγχαρητήρια _____ ! Είστε πολύ γενναίοι. (ο στρατιώτης) *Congratulations soldiers! You are very brave.*

15) Ευχαριστούμε πολύ _____ του κόσμου! (ο πολίτης) *Thanks a lot, citizens of the world!*

Λύσεις (answer keys)

Ενικός αριθμός

Αιτιατική

Αρσενικό γένος
Άσκηση 1

1) τον φίλο

2) τον Νίκο

3) τον λογαριασμό

4) τον φούρνο

5) τον Λίβανο

6) τον αδερφό

7) τον φάκελο

8) τον γιατρό

9) τον κατάλογο

10) τον Στέφανο

11) τον χυμό

12) τον γιό

Άσκηση 2

1) τον υπολογιστή

2) τον καθηγητή

3) τον Ορέστη

4) τον μανάβη

5) τον μαθητή

6) τον πειρατή

7) τον τραγουδιστή

8) τον ακροβάτη

9) τον Ευτύχη

10) τον ασθενή

11) τον μαγνήτη

12) τον στρατιώτη

Άσκηση 3

1) τον Αντρέα

2) τον αναπτήρα

3) τον αγώνα

4) τον Καναδά

5) τον κανόνα

6) τον καρχαρία

7) τον Μηνά

8) τον μουσακά

9) τον πίνακα

10) τον πατέρα

11) τον αέρα

12) τον μήνα

Επαναληπτικές ασκήσεις

1) τον αδερφό

2) τον υπολογιστή

3) τον Θησέα

4) τον κήπο

5) τον Κοσμά

6) τον κύριο

7) τον φορτιστή

8) τον γάτο

9) τον Γιάννη

10) τον ήρωά

11) τον θείο

12) τον συμμαθητή

Θηλυκό γένος
Άσκηση 1

1) την δουλειά

2) την μητέρα

3) την Εύα

4) την ταινία

5) την καρέκλα

6) την τσάντα

7) στην θάλασσα

8) στην παραλία

9) την δασκάλα

10) την γιαγιά

11) την μπλούζα

12) στην βεράντα

Άσκηση 2

1) στην αυλή

2) την αδερφή

3) στην κλινική

4) την αποθήκη

5) στην βιβλιοθήκη

6) την λέξη

7) στην Αμερική

8) την Παρασκευή

9) στην Μαγαδασκάρη

10) στην τηλεόραση

11) την Αφρική

12) την Κυριακή

Άσκηση 3

1) την Αργυρώ

2) στην οδό

3) την Πελοπόννησο

4) την Φρόσω

5) την Ρόδο

6) την Καλυψώ

7) την Διαμάντω / την Ηρώ

8) την Λέσβο

9) στην Χίο

10) στην Μύκονο

11) την Σαπφώ

12) την Μαντώ

Επαναληπτικές ασκήσεις

1) την Πελοπόννησο / στην Αθήνα

2) την αδερφή

3) στην Καλαμάτα

4) την Μαριγώ

5) στην Πάρο

6) στην Θεσσαλονίκη / την Κοζάνη

7) την Ευαγγελία

8) την Μυρτώ

9) την Μαρία / την Αγγελική

10) την Σαντορίνη

11) την Νάξο / την Αμοργό

12) την Δρόσω

Ανάμεικτες ασκήσεις γενών (ονομαστική ή αιτιατική)

1) ο αδερφός

2) τον Θεόφιλο / ο Θεόφιλος

3) στην Γερμανία

4) στον Καναδά / την Κύπρο

5) ο Γρηγόρης

6) η Παναγιώτα

7) στον Πειραιά

8) στον Κορυδαλλό / η θεία

9) ο αναπτήρας

10) τον φάκελο

11) ο Αντρέας

12) τον αναπτήρα

Γενική

Αρσενικό γένος
Άσκηση 1

1) του Πέτρου

2) του σκύλου

3) του Νίκου

4) του κορωνοϊού

5) του καιρού

6) του Άγγελου

7) του τοίχου

8) του Γιώργου

9) του προέδρου

10) του δρόμου

11) του κήπου

12) του κυρίου

Άσκηση 2

1) του Τάκη

2) του υπολογιστή

3) του λογιστή

4) του φοιτητή

5) του Γιάννη

6) του συμμαθητή

7) του Γενάρη

8) του εκτυπωτή

9) του διευθυντή

10) του νικητή

11) του κομμωτή

12) του Αποστόλη

Άσκηση 3

1) του μήνα

2) του Θωμά

3) του γείτονά

4) του Καναδά

5) του χειμώνα

6) του τυφώνα

7) του κανόνα

8) του Σάββα

9) του αναπνευστήρα

10) του αγκώνα

11) του Παναμά

12) του αγώνα

Επαναληπτικές ασκήσεις

1) του Μάκη

2) του Γιάννη

3) του Ισημερινού

4) του χρόνου

5) του Ζαχαρία

6) του Καναδά

7) του Παναγιώτη / του Δημήτρη

8) του Χρήστου

9) του γιατρού

10) του ανανά

11) του κόσμου

12) του Αριστείδη

Θηλυκό γένος
Άσκηση 1

1) της Αθανασίας

2) της Μαρίας

3) της γυναίκας

4) της καρέκλας

5) της ημέρας

6) της θάλασσας

7) της Αθήνας

8) της Μαρίνας

9) της ομάδας

10) της Βαλέριας

11) της Ευγενίας

12) της κοιλάδας

Άσκηση 2

1) της Κρήτης

2) της Αγνής

3) της Αργεντινής

4) της Χιλής

5) της Αταλάντης

6) της Νίκης

7) της εποχής

8) της Δανάης

9) της Αντιγόνης

10) της επιστήμης

11) της βιβλιοθήκης

12) της Αφρικής

Άσκηση 3

1) της Κιμώλου

2) της πειθούς

3) της οδού

4) της Αργυρώς

5) της Κύπρου

6) της ανόδου

7) της Δέσπως

8) της εξόδου

9) της εισόδου

10) της περιόδου

11) της Γωγώς

12) της Πελοποννήσου

Επαναληπτικές ασκήσεις

1) της κούπας

2) της Τρίτης / της Δευτέρας

3) της τηλεόρασης

4) της άσκησης

5) της Ηρώς

6) της οδού

7) της ημέρας

8) της γειτονιάς

9) της Φωτεινής

10) της Κορίνθου

11) της Μάρως

12) της οθόνης

Ουδέτερο γένος
Άσκηση 1

1) του βιβλίου

2) του βουνού

3) του σχεδίου

4) του δέντρου

5) του μωρού

6) του χωριού

7) του καζίνου

8) του κινητού

9) του ποδηλάτου

10) του περιοδικού

11) του ποδοσφαίρου

12) του περιπτέρου

Άσκηση 2

1) του σπιτιού

2) του σκυλιού

3) του ποδιού

4) του ματιού

5) του μολυβιού

6) του παιδιού

7) του παιχνιδιού

8) του κρεβατιού

9) του χαλιού

10) του ρολογιού

11) του μαγαζιού

12) του τραπεζιού

Άσκηση 3

1) του μαθήματος

2) αθλήματος

3) του προγράμματος

4) του αγάλματος

5) του θέματος

6) του ονόματος

7) του πράγματος

8) του χώματος

9) του κλίματος

10) του διαλείμματος

11) του μηνύματός

12) του δέματος

Επαναληπτικές ασκήσεις

1) του τετραδίου

2) του τσαγιού

3) του ποτού

4) του αγοριού

5) του θέματος

6) του πιάνου

7) του προβλήματος

8) του αυτοκινήτου

9) του μπουκαλιού

10) του γραφείου

11) του πατώματος

12) του τραγουδιού

Ανάμεικτες ασκήσεις γενών

1) της Βασιλικής

2) του κήπου

3) της ταινίας

4) του Γιάννη

5) της οδού

6) του παπουτσιού

7) του πατέρα

8) του τμήματος

9) της Μαντώς

10) του βιβλίου

11) του δωματίου

12) του Κώστα

Κλητική

1) Γιώργο

2) παιδί

3) Στέφανε

4) Ελένη

5) φίλε

6) Μανώλη

7) κυρία

8) Παπαδόπουλε

9) Γωγώ

10) Τάκη

11) γιατρέ

12) Θοδωρή

13) Μαρία

14) Αντρέα

15) αγόρι

Πληθυντικός αριθμός

Ονομαστική

Αρσενικό γένος
Άσκηση 1

1) οι άνθρωποι

2) οι σκύλοι

3) οι τοίχοι

4) οι Ισπανοί

5) οι γιατροί

6) οι φίλαθλοι

7) οι πρόεδροι

8) οι εξωγήινοι

9) οι πίθηκοι

10) οι φίλοι

11) οι φούρνοι

12) οι πολιτικοί

Άσκηση 2

1) οι μαθητές

2) οι διευθυντές

3) διαιτητές

4) οι δικαστές

5) καθηγητές

6) οι υπολογιστές

7) οι εργάτες

8) ποδοσφαιριστές

9) οι γυμναστές

10) οι παίκτες

11) φοιτητές

12) οι εκτυπωτές

Άσκηση 3

1) πίνακες

2) ελέφαντες

3) οι άντρες

4) χειμώνες

5) οι καρχαρίες

6) οι φύλακες

7) οι μάγειρες

8) οι αγώνες

9) οι γείτονές

10) αιώνες

11) οι μπασκετμπολίστες

12) οι ταμίες

Επαναληπτικές ασκήσεις

1) άνθρωποι

2) οι φίλοι

3) οι νυκτοφύλακες

4) ναύτες

5) οι μαθηματικοί

6) οι επιστήμονες

7) οι αθλητές

8) οι Άγγλοι / οι Έλληνες

9) οι πολίτες

10) δήμαρχοι

11) αναπτήρες

12) οι φορτιστές

Θηλυκό γένος
Άσκηση 1

1) γυναίκες

2) οι μητέρες

3) οι παραλίες

4) έννοιες

5) οι απεργίες

6) οι αξίες

7) οι γραβάτες

8) ταυτότητες

9) οι μπλούζες

10) πισίνες

11) ημέρες

12) οι αλλαγές

Άσκηση 2

1) μνήμες

2) οι κλινικές

3) οι εξετάσεις

4) οι πράξεις

5) τηλεοράσεις

6) οι σημειώσεις

7) οι αδερφές

8) οι συμβουλές

9) οι πόλεις

10) οι αποθήκες

11) οι μηχανές

12) οι τιμές

Άσκηση 3

1) ψήφοι

2) μέθοδοι

3) οι είσοδοι

4) διάλεκτοι

5) οι παράγραφοι

6) οι ήπειροι

7) οι ηθοποιοί

8) γιατροί / δικηγόροι

9) λεωφόροι

10) οι περίοδοι

11) αρχαιολόγοι

12) μαθηματικοί

Επαναληπτικές ασκήσεις

1) ευκαιρίες

2) οι πράξεις

3) σύζυγοι

4) οι κόρες

5) οι πόρτες

6) οι κουρτίνες

7) οι λεωφόροι

8) αποθήκες

9) ώρες

10) οι φίλες

11) αρχαιολόγοι

12) οι ζωές

Ουδέτερο γένος
Άσκηση 1

1) σύννεφα

2) τα βιβλία

3) τα νέα

4) τα φάρμακα

5) ακουστικά

6) τα σενάριά

7) αυτοκίνητα

8) τα κίνητρα

9) δέντρα

10) τέταρτα

11) ιατρεία

12) τα τηλέφωνά

Άσκηση 2

1) τα παιχνίδια

2) τα αχλάδια

3) τα μαγαζιά

4) τα κλειδιά

5) τα παλάτια

6) τα χέρια

7) καράβια

8) τα μπουκάλια

9) τα ψωμιά

10) ποτάμια

11) καλοκαίρια

12) παραμύθια

Άσκηση 3

1) τα αποτελέσματα

2) ρήματα

3) απογεύματα

4) τα σώματά

5) τα χρώματα

6) τα πειράματα

7) τα γράμματα

8) τα κρούσματα

9) τα μαθήματα

10) τα αγάλματα

11) φορέματα

12) τα πράγματα

Επαναληπτικές ασκήσεις

1) τα δωμάτια

2) τα μολύβια

3) τα παιδιά

4) τα προβλήματα

5) τα κοσμήματα

6) τα πρόσωπα

7) τα τυριά

8) τα εμπορεύματα

9) τα πόδια

10) τα φαρμακεία

11) τα διαστήματα

12) τα σπίτια

Ανάμεικτες ασκήσεις γενών

1) οι νόμοι

2) οι μήνες

3) κρεβάτια

4) οι γυναίκες

5) τα αγγούρια

6) οι βουλευτές

7) οι ψήφοι

8) αγάλματα

9) οι άνθρωποι

10) τράπεζες

11) τα κύπελλα

12) οι ήρωες

Αιτιατική

Αρσενικό γένος
Άσκηση 1

1) τους Γερμανούς

2) τους βοηθούς

3) στους νόμους

4) τους υποψηφίους

5) τους εαυτούς

6) στους μισθούς

7) τους ξαδερφούς

8) τους γιούς

9) τους αστυνόμους

10) τους φίλους / τους εχθρούς

11) ανθρώπους

12) στους κήπους

Άσκηση 2

1) προπονητές

2) τους παίκτες

3) τους εργάτες

4) τους κλέφτες

5) στους στρατιώτες

6) τους διπλωμάτες

7) τους υπολογιστές

8) τους καθηγητές

9) ναύτες

10) τους επιβάτες

11) ποιητές

12) χορευτές

Άσκηση 3

1) ανεμιστήρες

2) τους άντρες

3) τους αγώνες

4) τους γείτονες

5) μάγειρες

6) σωματοφύλακες

7) στους πίνακες

8) τους κανόνες

9) τους αναπτήρες

10) ελέφαντες

11) τους ήρωες

12) στους μήνες

Επαναληπτικές ασκήσεις

1) φίλους

2) τους μαθητές

3) στους σωλήνες

4) τους τροχονόμους

5) καθηγητές

6) στους ανελκυστήρες

7) μήνες

8) γείτονες

9) τους γέρους

10) τους εργάτες

11) μάγειρες

12) τους υποψηφίους

Θηλυκό γένος
Άσκηση 1

1) ώρες

2) ευκαιρίες

3) μερίδες

4) στις δουλειές

5) ομάδες

6) τις γάτες

7) τις κοπέλες

8) τις γυναίκες

9) εικόνες

10) τις τράπεζες

11) στις μέρες

12) τις επιτυχίες

Άσκηση 2

1) τις αδερφές

2) πόλεις

3) σημειώσεις

4) τις συμβουλές

5) κόρες

6) τις αποθήκες

7) ευχές

8) αποδείξεις

9) θέσεις

10) στις εξετάσεις

11) τις ζωές

12) στις φίλες

Άσκηση 3

1) τις μεθόδους

2) τις ψήφους

3) ηθοποιούς

4) εξόδους

5) τις ηπείρους

6) τις εισόδους

7) διαλέκτους

8) περιόδους

9) λεωφόρους

10) μαθηματικούς

11) παραγράφους

12) αστυνομικούς

Επαναληπτικές ασκήσεις

1) τις μετοχές

2) μάσκες

3) τις δικηγόρους

4) μηχανές

5) στις ξαδέρφες

6) στις εγγονές

7) εβδομάδες

8) πόρτες

9) στις συζύγους

10) τις πράξεις

11) τις παντόφλες

12) κλινικές

Ανάμεικτες ασκήσεις γενών

1) τους εαυτούς

2) τις δουλειές

3) αρχαιολόγους

4) χειμώνες

5) τους νικητές

6) στις φυλακές

7) ταινίες

8) τις επιγραφές

9) τους εχθρούς

10) στους γείτονές

11) στις οδούς

12) τους ποιητές

Γενική

Αρσενικό γένος
Άσκηση 1

1) των ανθρώπων

2) των γονιών

3) των κήπων

4) των Γερμανών

5) των αστυνομικών

6) των φίλων

7) των βοηθών

8) των γέρων

9) των υποψηφίων

10) των νόμων

11) των γιών

12) των γιατρών

Άσκηση 2

1) των νικητών

2) των χορευτών

3) των υπολογιστών

4) των φοιτητών

5) των διπλωματών

6) των στρατιωτών

7) των μαθητών

8) των πολιτών

9) των ποιητών

10) των αγροτών

11) των καθηγητών

12) των παικτών

Άσκηση 3

1) των αντρών

2) των ελεφάντων

3) των γιγάντων

4) των σωλήνων

5) των Ελλήνων

6) των γειτόνων

7) των αγώνων

8) των ανελκυστήρων

9) των ηρώων

10) μηνών

11) των αρχιτεκτόνων

12) των αναπτήρων

Επαναληπτικές ασκήσεις

1) των επιβατών

2) των ανεμιστήρων

3) των ιών

4) των εχθρών

5) των τραυματιών

6) των βουλευτών

7) των καρχαριών

8) των πιθήκων

9) των ναυτών

10) των υπολογιστών

11) των ομίλων

12) των σωματοφυλάκων

Θηλυκό γένος
Άσκηση 1

1) των γυναικών

2) των τραπεζών

3) χωρών

4) των ιδεών

5) των εβδομάδων

6) ταινιών

7) των μασκών

8) των ομάδων

9) των πεταλούδων

10) των ευκαιριών

11) των ισοπαλιών

12) των σοκολατών

Άσκηση 2

1) των κλινικών

2) των κορών

3) των τιμών

4) των σημειώσεών

5) των πράξεών

6) των πόλεων

7) τηλεοράσεων

8) των φυλακών

9) ζωών

10) των φίλων

11) των μηχανών

12) των εγγραφών

Άσκηση 3

1) των ηπείρων

2) των ψήφων

3) των γιατρών

4) των ηθοποιών

5) των εξόδων

6) των λεωφόρων

7) των συζύγων

8) των δικηγόρων

9) περιόδων

10) των μεθόδων

11) των παραγράφων

12) των εισόδων

Επαναληπτικές ασκήσεις

1) των ημερών

2) βοηθειών

3) των αρχαιολόγων

4) οδών

5) των εξετάσεων

6) των συμβουλών

7) των μαθηματικών

8) των εφημερίδων

9) των αδερφών

10) των εικόνων

11) των κοτών

12) των λεοπαρδάλων

Ουδέτερο γένος
Άσκηση 1

1) των σύννεφων

2) των επιπέδων

3) των φαρμάκων

4) κυπέλλων

5) τηλεφώνων

6) κινητών

7) των νοσοκομείων

8) των προσώπων

9) των σεναρίων

10) αυτοκινήτων

11) των δωματίων

12) των δέντρων

Άσκηση 2

1) των κομματιών

2) παιχνιδιών

3) των καλοκαιριών

4) των κρεβατιών

5) των καραβιών

6) των ποταμιών

7) τυριών

8) αχλαδιών

9) των παιδιών

10) παλατιών

11) των παραμυθιών

12) των διαμαντιών

Άσκηση 3

1) των προβλημάτων

2) των πραγμάτων

3) των μαθημάτων

4) των πειραμάτων

5) των γραμμάτων

6) των αποτελεσμάτων

7) των αγαλμάτων

8) των ρημάτων

9) των φορεμάτων

10) των κοσμημάτων

11) των νομισμάτων

12) των κρουσμάτων

Επαναληπτικές ασκήσεις

1) των βιβλίων

2) των ουσιαστικών

3) των προγραμμάτων

4) των ψεμάτων

5) των κλειδιών

6) χεριών

7) των δέντρων

8) των χρωμάτων

9) των μπουκαλιών

10) των μολυβιών

11) των παιχνιδιών

12) ακουστικών

Ανάμεικτες ασκήσεις γενών

1) των φίλων

2) των ηθοποιών

3) μαθητών

4) των μαγαζιών

5) των βιβλίων

6) χωρών

7) των αγώνων

8) των ξαδέρφων

9) των εμπορευμάτων

10) των ορθοδοντικών

11) των ζωών

12) των ταινιών

Κλητική

1) παιδιά

2) κύριοι

3) κυρίες

4) αδερφές

5) τηλεθεατές

6) γείτονες

7) άντρες

8) γυναίκες

9) ακροατές

10) γιατροί

11) υπουργοί

12) επιβάτες

13) ψηφοφόροι

14) στρατιώτες

15) πολίτες

Printed in Great Britain
by Amazon